FREUT EUCH IM HERRN

HERMANN VOLK

FREUT EUCH IM HERRN

Predigten

MATTHIAS-GRÜNEWALD-VERLAG · MAINZ

CIP-Titelaufnahme der Deutschen Bibliothek

Volk, Hermann:
Freut euch im Herrn: Predigten / Hermann Volk. – Mainz:
Matthias-Grünewald-Verl., 1988
ISBN 3-7867-1395-2

Umschlag: Ulrike Bettermann
Gesamtherstellung: Clausen & Bosse, Leck
ISBN 3-7867-1395-2

Inhalt

Vorwort

Den Korinthern schreibt Paulus, er wolle nicht Herr ihres Glaubens, sondern Helfer, Diener ihrer Freude sein (2 Kor 1,24). Tatsächlich wird die Botschaft von Jesus im Neuen Testament häufig „Evangelium", frohe, gute Botschaft genannt. Das Markus-Evangelium beginnt so: „Anfang des Evangeliums von Jesus Christus, dem Sohn Gottes." Der Engel sprach zu den Hirten von Bethlehem: „Ich verkünde euch eine große Freude, die dem ganzen Volk zuteil werden soll" (Lk 2,10). Diese Freude beruht keineswegs auf einer Leichtfertigkeit; im Gegenteil, sie ist nur möglich, wenn man das Ernste ernst, das Wichtige wichtig nimmt. Diese Freude ist aber nicht am Rande, es ist die Freude an der Sache selbst, an der frohen Botschaft von Jesus Christus. „Freut euch im Herrn", so beginnt die Messe am 3. Adventssonntag.

Diese Predigten, die aus verschiedenen Anlässen gehalten wurden, sind nachträglich niedergeschrieben, nicht nach Bandaufnahmen, sondern an Hand der detaillierten Disposition und der zugehörigen Notizen. In der Niederschrift sind die Predigten offenbar länger geworden als bei dem mündlichen Vortrag, vor allem durch Anreicherung der Schriftstellen. Jetzt müssen sie auch nicht angehört werden, sie werden gelesen. Mögen sie als frohes Zeugnis für die Botschaft von Jesus Christus und seiner Heilstat empfunden werden.

Mainz, im April 1988 Hermann Kardinal Volk

Aus Finsternis soll Licht aufleuchten
2 Kor 4,6–13; Joh 10,11–18

Predigt zum 20. Jahrestag des Todes von Herrn Pfarrer Franz Adam Landvogt

I

Wir gedenken in diesem Gottesdienst des verstorbenen Pfarrers Franz Adam Landvogt der Pfarrei St. Christof in Mainz, der vor 20 Jahren, am 5. Oktober 1953 im Alter von 64 Jahren verstorben ist. Mancher, der damals verstorben ist, ist heute vergessen; Pfarrer Landvogt gehört nicht dazu. Das liegt an ihm und auch an denen, die ihn nicht vergessen. So feiern wir heute sein Gedächtnis. Zugleich ist Herz-Jesu-Freitag; das wollen wir auch nicht aus dem Auge lassen. Diese beiden Themen schließen einander nicht aus, sondern sie gehören zusammen.
Was hat denn Pfarrer Landvogt, der über 20 Jahre Pfarrer von St. Christof gewesen ist, so überzeugend gemacht? Es ist sicher nicht gegen ihn gesagt, wenn ich sage: Nicht irgendeine Virtuosität, als ob er etwas überlegen gut gekonnt hätte. Er war hoch geschätzt; Leute, die dies oder jenes souverän können, erleben wir oft, solche gibt es in Menge unter uns: hervorragende Sprecher, hervorragende Redner, die alles aufs Sorgfältigste können und auch machen. Wir können es erleben in der Öffentlichkeit, in den Medien, wie sorgfältig vieles da vorbereitet ist. Das ist nicht das Entscheidende für die lebendige und respektierende Erinnerung an Pfarrer Landvogt, welche auch in diesem Gottesdienst Ausdruck findet.

Da wir des Pfarrer Landvogt gedenken, sei zunächst an seine ganz persönliche soziale und caritative Tätigkeit erinnert. Pfarrer Landvogt besaß nicht viel, weil er immer wieder aus dem Eigenen an Bedürftige abgab. Das hat Schule gemacht. Noch heute gibt es die „Pfarrer-Landvogt-Hilfe". Diese besteht aus einer Gruppe von einigen Gläubigen, die sich aus christlicher Gesinnung der Stadt- und Landstreicher annehmen. Am Vormittag und am späten Nachmittag werden sie verköstigt und versorgt, z. B. wird ihre Wäsche gewaschen; im Winter stehen auch einige Schlafstellen zur Verfügung. Die Pfarrer-Landvogt-Hilfe wird auch seitens der Stadt geschätzt und unterstützt. Sogar über das Bistum hinaus hat sie einen guten Namen. Man führt das dann unter anderem auch auf den Namen zurück; „Pfarrer-Landvogt-Hilfe" klingt doch viel persönlicher als etwa „Sozialstation", wobei zu beachten ist, daß die Sozialstationen eine andere Aufgabe haben als die „Pfarrer-Landvogt-Hilfe"; zu dieser kommen die Bedürftigen, die Sozialstationen schikken ihre Kräfte zu den Bedürftigen jeder Art hin.
Was war denn das Entscheidende an Pfarrer Landvogt? Das Entscheidende war, daß alle Welt in Mainz das Bewußtsein hatte: Pfarrer Landvogt ist ein guter Pfarrer. Dieses Bewußtsein hatte man; es werden viele hier sein, so nehme ich an, die ihn noch gekannt haben, und sie werden das bestätigen. Man wußte, dachte und sagte auch: Das ist ein guter Pfarrer, und zwar in ganz spezifischem Sinn, nämlich nicht in Virtuosität, sondern als ein beispielhafter Christ und Priester und Hirte. Mir hat kürzlich jemand erzählt, daß ihn jemand in der Straßenbahn am Ärmel gezogen und auf Pfarrer Landvogt, der auf der Straße ging, deutend gesagt hat: Das ist der Heilige von Mainz. Diese Überzeugung hatte man: Ein durch und durch frommer, gläubiger

Mensch, ein guter Priester und Hirte. Pfarrer Landvogt lebte nicht in einem Traumland. Manche kritische Situation in jenen Jahren 1933, 1934, 1935 und noch viel länger hat er erkannt und durchgestanden. Er war kein Hans-guck-in-die-Luft, der nicht in dieser Welt lebte; mitten in dieser Welt, auch in der Härte des Daseins, war er ein glaubhafter Zeuge des Evangeliums.
Dies aber ist keine Virtuosität, kein Kunststück, kein Trick; sondern das ist wesentlich das Zeugnis für Jesus, nicht nur mit Worten, sondern auch in der Weise, wie er dies in seinem Leben und in seinem Handeln darstellte. Es ist kein idyllischer Weg.
In der Lesung aus dem 2. Korintherbrief des Apostels Paulus beschreibt der Apostel Paulus nicht nur den Christen, sondern auch den, der innerhalb der Christenheit und für die Welt eine besondere Sendung hat. „Wir glauben, darum reden wir." Dieses Reden des Apostels Paulus ist Auftrag; er redete nicht, weil es ihm Spaß macht, sondern weil er eine Sendung hat. Er ist zu den Heidenvölkern gesendet, wie er selbst schreibt; er ist ein ‚apostolos', ein Apostel, ein Gesendeter, mit einer Botschaft, deren Inhalt ihm aufgetragen ist. Nicht was er gerade denkt, sondern, wie er selbst sagt, was er empfangen hat, was ihm überliefert ist, das verkündigt er. Denn wer predigt, der hat einen Auftrag, nicht nur zu predigen, sondern auch einen inhaltlichen Auftrag, was er predigen soll; nämlich was die Kirche lehrt, das soll er predigen, glaubhaft als Zeuge des Evangeliums Jesu Christi, wie es der Kirche anvertraut ist. Davon ist Paulus überzeugt: „Wir glauben, darum reden wir." Wir sagen: Wovon das Herz voll ist, davon läuft der Mund über. Das könnte von einem Gesendeten zu privat gedacht sein. „Wehe mir", schreibt der Apostel Paulus, „wenn ich nicht das Evange-

lium verkündigen würde." Und er hat es sich ja nicht leicht gemacht, er hat immer die von ihm gegründeten Gemeinden betreut; er hat aber immer wieder auch Vorstöße gemacht in Gegenden, in Städte, wo der Name Christus noch nicht genannt worden war.

II

Was steckt dahinter, muß man sich fragen; woher hat der Apostel Paulus eigentlich die Kraft, dies zu tun? Der Apostel beschreibt es in der Lesung in wunderbaren Worten. Wunderbar, das heißt hier, einen außerordentlichen Vorgang entsprechend beschreiben. Sie sind wert, daß wir sie noch einmal hören: „Wir verkündigen nämlich nicht uns selbst, sondern Christus Jesus als den Herrn, uns aber als eure Knechte um Jesu willen. Denn der Gott, der sprach, aus Finsternis soll Licht aufleuchten, er ist in unseren Herzen aufgeleuchtet, damit wir erleuchtet werden zur Erkenntnis des göttlichen Glanzes auf dem Antlitz Christi." Da beschreibt der Apostel Paulus nicht nur sich selbst, sondern er beschreibt auch die Korinther, die Gläubigen, die Christen aller Zeit. Dies ist also auch uns gesagt.
„Der Gott, der sprach, aus Finsternis soll Licht aufleuchten", ließ schon Licht aufleuchten, als er sprach: „Es werde Licht, und es ward Licht." Dieser Gott ist in uns aufgeleuchtet, „damit wir erleuchtet werden zur Erkenntnis des göttlichen Glanzes auf dem Antlitz Christi".
Drei Dinge sind da ausgesagt: Da beschreibt er einen früheren Zustand und einen jetzigen Zustand, nicht der Welt, sondern der Menschen, von sich selbst. Im Menschen ist eine Finsternis, bis darin ein Licht aufleuchtet, nämlich der göttliche Glanz auf dem Antlitz Christi. Wer diesen erkennt

im Glauben, der ist nicht mehr in der Finsternis. „Ich bin das Licht der Welt. Wer mir nachfolgt, der wandelt nicht in der Finsternis“ (Joh 8,12). Aber auch: „Ihr seid das Licht der Welt“ (Mt 5,14). Wer mir nachfolgt – nur wer ihm nachfolgt –, wandelt nicht in der Finsternis. Es gibt eine Finsternis, die nur durch Christus erhellt werden kann. Nicht die Finsternis der Nacht, die kann man mit Lampen erhellen; nein, die Finsternis des Geistes und des Herzens. Wozu sind wir auf Erden? Wie kann etwas Gutes werden aus dieser Welt, aus meinem Leben, mit diesem und jenem Leiden, mit diesen und jenen Unfällen, mit Unglück und schwerem Geschick, aus dem, was wir selbst oder was wir um uns erleben? Wer wüßte nicht von vielen, die Schweres zu erleben und zu erleiden haben. Wir müssen das mittragen mit diesen, und wir müssen es mit unserem Glauben vereinen. Überschwemmungen, Dürrezonen, Hungersnöte, Erdbeben. Nicht nur dies: Kriege noch und noch, Gewalt, und was alles die Menschen einander antun. Wo ist da ein Licht, wie kann daraus etwas Gutes werden; wie kann aus dieser Welt, aus unserem Leben, das auch auf den Tod zugeht, etwas Gutes werden? Was ist mit uns? Wir wissen darauf keine Antwort, wenn sie uns nicht in Christus gegeben wäre. „Wer mir nachfolgt, der wandelt nicht in der Finsternis.“ – „Ich bin der Weg, die Wahrheit und das Leben“ (Joh 14,6). Dieses ist dem Apostel aufgeleuchtet. Es muß zum Glauben gehören, daß man so an Christus glaubt, daß Christus unser Leben erhellt. „Denen, die Gott lieben, muß alles dienen“ (vgl. Röm 8,28).

Der Apostel, der das schreibt, hat es nicht leicht gehabt. Man könnte denken, wenn einer so glaubt, dann ist das Leben eine Asphaltstraße. Nein, so ist es ihm gar nicht ergangen; es geht ihm ganz anders. „Von allen Seiten werden wir in die Enge getrieben und finden doch noch Raum, der Weg wird uns abgeschnitten, aber wir entrinnen doch; wir werden gehetzt und doch nicht eingeholt, niedergestreckt und doch nicht vernichtet." Das ist kein Trick des Apostels Paulus, so daß man denkt: Das ist ein Pfiffiger, ein Listiger; er konnte seinen Gegnern auf diese oder jene Weise noch entrinnen.

Diese Zuversicht des Apostels ist kein Trick. Das Christliche ist kein Trick, wie manches ganz einfach ist, wenn man es kann; wenn man es aber nicht kann, dann kann man gar nicht damit fertig werden. So war es bei Paulus nicht, daß man denken könnte, er war listig, er war schlau, er war überlegen, er war souverän, er war hochbegabt, und was man alles denken kann. Nein, es liegt nicht an dem Apostel Paulus, daß er trotz der Enge noch entkommt und sich in der Weite weiß, wie der Psalm sagt: Du hast uns in die Weite geführt; daß er verfolgt wird, aber nicht abgeschnitten, daß er gehetzt wird und doch nicht eingeholt, niedergestreckt und doch nicht vernichtet wird. Das liegt nicht an ihm. Einmal holen sie ihn ja ein, einmal strecken sie ihn nieder und schlagen ihm das Haupt ab, in Rom. Daß er aber auch da nicht endgültig niedergestreckt ist, das liegt nicht an ihm, sondern das liegt an Christus. Denn er ist das Licht, das in unser Leben hereinstrahlt, so daß wir in all dem Ereignishaften nicht vernichtet werden. „Doch all das überwinden wir durch den, der uns geliebt hat" (Röm 8,37).

Wie geht es dem Christen, das ist die Frage; wie geht es ihm, wenn er nun glaubt, wenn er in die Kirche geht, wenn er sich Christus anschließt, wenn er nicht mitmacht mit der weltlichen Welt? Mancher sagt uns: Was habt ihr von eurem Glauben, was habt ihr davon, daß ihr in die Kirche geht? Der Apostel ist trotz seiner Erfahrungen nicht irre geworden. Es heißt in der Lesung, die wir gehört haben: „Denn der Gott dieser Weltzeit hat das Denken der Ungläubigen verblendet. So strahlt ihnen der Glanz der Heilsbotschaft nicht auf, der Botschaft von der Herrlichkeit Christi.“ Der Gott dieser Weltzeit, das ist weltliche Welt, die den Menschen verblendet, daß er den Blick auf das Zeitliche, auf die Welt und auf das, was sie bietet, gerichtet hält, um damit seinen Geist und sein Herz zufriedenzustellen. Aber das gelingt nicht ganz. „Alle Lust will Ewigkeit, will tiefe, tiefe Ewigkeit“, hat Nietzsche gesagt. Denn das hat er gemerkt, so leicht kann man Geist und Herz des Menschen nicht abspeisen. Der Apostel schließt daher seinen Gedanken ab mit den Worten: „Wir starren nicht auf das Sichtbare, sondern nach dem Unsichtbaren schauen wir aus; denn das Sichtbare ist vergänglich, das Unsichtbare ist ewig“ (2 Kor 4,18).

III

Es fällt uns auf, welche Worte hier immer wieder vorkommen: Einerseits verblendet, Finsternis, Not jeder Art; andererseits heißt es auch: Es strahlt auf der Glanz der Heilsbotschaft, das Licht leuchtet auf in dieser Finsternis, eine Herrlichkeit wird erkennbar, alles Ausdrücke, die eine durchgreifende Wandlung für uns bedeuten, welche eine Helligkeit als Befreiung, als Heilsbotschaft für uns inmitten der Welt, in der wir leben, aussagen. Das glauben wir, und darum reden wir auch.

Und das war es, denke ich mir, was den Pfarrer Landvogt erfüllt hat und was uns alle erfüllen soll. Er ist so der gute Hirte, der diese Botschaft von Christus verkündigt. „Denn wir verkündigen ja nicht uns selbst, sondern Christus Jesus als den Herrn, uns aber als eure Knechte.“ Knechte, nicht um darum weniger zu werden, sondern um sich im Dienst zu vollenden. Das gilt aber für uns alle. Denn der Christ wird nicht weniger, wenn er mehr an die anderen denkt als an sich. Er braucht nicht so sehr an sich zu denken, wenn er davon erfüllt ist, daß Gott an ihn denkt. Wenn Gott an mich denkt, wenn Gott für mich ist, dann kann ich in Gottes Namen mich dem anderen zuwenden. „Werfet all eure Sorgen auf den Herrn" (1 Petr 5,7), damit ihr euch der Sorgen des anderen annehmen könnt. Denn Gott nimmt sich unser an.

Die heilige Theresia vom Kinde Jesu, deren Fest wir kürzlich gefeiert haben, hat einmal geschrieben: Die ausgestreckte Hand Gottes, die er uns entgegenhält, ist nicht leer; sie ist gefüllt mit seiner eigenen Hingabe an uns. „Ich bin der gute Hirte. Der gute Hirte gibt sein Leben für seine Schafe" (Joh 10,11). Indem er uns anredet, redet er uns ja nicht damit an, daß er eine Visitenkarte abgibt. Also, daß ihr es wißt: Es gibt Gott; oder: Es gibt Christus. Sondern er redet uns an in seiner Hergewandtheit zu uns; so der Vater im Himmel in jeder Offenbarung; dann am meisten schließlich in Jesus Christus. „Ich kenne die Meinen, und die Meinen kennen mich... Und ich gebe mein Leben für meine Schafe" (Joh 10,15). Das sind wir. Er bezeichnet uns damit nicht als Schafe, sondern sich als den Hirten, der sein Leben hingibt. Der Vergleichspunkt ist ja nicht Schafe und Hirt, sondern der Vergleichspunkt ist der Tagelöhner, der seine Stunden ableistet; das Weitere geht ihn nichts mehr an. Nicht jeder Tagelöhner ist so. Im Unterschied dazu bezeichnet sich Christus selbst als guten Hirten, der dem verlorenen Schaf nachgeht; ja, er gibt sein Leben für uns. Das ist der Vergleich. Er gibt sein Leben für seine Schafe, das ist die Botschaft. „Wenn Gott für uns ist", sagt Paulus, „wer ist dann wider uns?" Wir können sagen, und Paulus sagt es auch, eine ganze Menge ist gegen uns, Dinge sind gegen uns, Krankheit, was auch immer über uns kommt; vieles widerfährt uns, wir werden nicht gefragt. „Aber in alledem bleiben wir siegreich durch den, der uns geliebt hat." – „Denen, die Gott lieben, muß alles dienen" (vgl. Röm 8,28).

IV

Das ist die Botschaft von Christus, dem guten Hirten, der überzeugte, und Paulus ist der überzeugende Zeuge für Jesus Christus. „Ihr sollt meine Zeugen sein, bis an die Grenzen der Erde" (Apg 1,8). Darum sagte ich auch: Dieses Gedächtnis eines guten Hirten unter uns, und Herz-Jesu-Freitag, das hängt zusammen. „Heiligstes Herz Jesu, brennend in Liebe zu mir, entflamme mein Herz in Liebe zu dir", beten wir. Ohne Liebe, ohne Hinbewegung auf Christus werden wir gar nicht gewahr, um was es hier geht. Der „Glanz auf dem Antlitz Christi" leuchtet uns nicht aus der Distanz auf, so daß man gleichsam sitzen bleiben, vielleicht noch ein Fernglas nehmen könnte, nur um sich nicht auf Christus hinbewegen zu müssen. So kann man jedoch Christus nicht erkennen. Er ist auf uns zugekommen, und er tut es noch heute, er steht bei jedem vor der Tür. Da müssen wir auch auf ihn zukommen, wir müssen ihm öffnen, immer mehr. Sogar unter Menschen ist es so, daß man sie nicht sozusagen neutral, nur als Zuschauer erkennen kann. Person wird erst durch Liebe, in Liebe ganz erkannt.
So erkennen wir auch Jesus Christus, indem wir seine Liebe anerkennen. Er hat uns zuerst geliebt; mehr kann keiner tun, als daß er sein Leben hingibt. Das hat er getan. Nun fällt die Entscheidung im Tun und nicht in einem Argu-

ment. Ein Argument kann ich anhören und bleibe am Tisch sitzen. Auf Liebe kann man aber nur mit Liebe antworten, auf ein Tun mit einem Tun. Darum müssen auch wir in Liebe auf Christus zugehen. Es war goldrichtig, daß Petrus im Boot, als er den Herrn auf dem Wasser sah, rief: „Herr, wenn du es bist, dann befiehl, daß ich auf dem Wasser zu dir komme“ (Mt 14,28). Denn wenn er es ist, dann müssen wir zu ihm. Wasser? Dann über das Wasser! Wenn nicht Wasser, dann geht er auf dem festen Boden zu ihm: Nichts darf da hemmen. So ist Christus. Der Herr sagt auch gleich: „Komm!“

Wir alle sind angeredet; daß wir nicht Zuschauer bleiben und uns nur Gedanken machen, sondern daß wir auf ihn zugehen. Da sollen wir den kleinsten Schritt, dessen wir fähig sind, nicht unterlassen. Von dem Messias ist ja gesagt: „Das geknickte Rohr wird er nicht abbrechen und den glimmenden Docht nicht auslöschen“ (Jes 42,3; vgl Mt 12,20). Es kam ein Mann, ein Vater, zu dem Herrn und sagte: Mein Sohn ist krank; kannst du ihn heilen? Was fragst du mich: Kannst du ihn heilen? Wenn du glaubst, kann ich ihn heilen! Der Mann erschrickt; um Gottes willen, jetzt hängt es von meinem Glauben ab, ob mein Kind gesund wird. Und er fällt ihm zu Füßen: „Ja, Herr, ich glaube. Aber hilf meinem Unglauben“ (Mk 9, 24). Und das Kind wird gesund. Als Petrus, der tatsächlich aus dem Boot gestiegen war, inne wird, daß er über das Wasser geht, erschrickt er: Das ist doch nicht möglich; dazu waren noch Wellen und Sturm, das kann nicht gut ausgehen. Und da sinkt er auch schon: Herr, ich sinke ja. Du hast doch gesagt: „Komm!“ – „Du Kleingläubiger!“ antwortet Jesus, „warum hast du gezweifelt?“ (Mt 14,31). Aber der Herr läßt ihn nicht versinken, sondern er reicht ihm die Hand. Sie steigen ins Boot, Wind und Wellen legen sich. Die Jünger sagen: Wer ist der, daß ihm selbst Wind und Wellen gehorchen?

V

Wenn wir das hören, was der Apostel auf sich nimmt, sein Leben lang, sagen wir leicht: Solchen Glauben habe ich nicht. Dann aber wollen wir uns das Wort merken: Er bricht das geknickte Rohr nicht ab, er bindet es auf, daß es heilen und wachsen kann; er tritt den glimmenden Docht nicht aus, die Kleingläubigen weist er nicht ab, sondern er reicht ihnen die Hand. Wenn wir ein bißchen Glauben haben, wollen wir schon einen Schritt auf ihn zugehen; wenn wir ein bißchen Liebe zu ihm haben, dann wollen wir ihm das sagen und etwas aus Liebe zu ihm tun, um ihm eine Freude zu machen. Das können wir ja unter Menschen; wir können aber auch Christus eine Freude machen. Das ist dann etwas. Das gedenkt uns im Leben, wenn wir einmal Menschen richtige Freude machten. Wir können Christus eine Freude machen mit dem kleinsten Schritt, den wir auf ihn zu tun. Und wenn wir zwei Schritte tun können, dann sollen wir zwei Schritte tun, soweit wir können. Das Letzte, zu dem wir fähig sind, sollen wir tun, auch wenn es nur erst ein Bruchstück des Gemeinten ist. Christus weist keinen ab. Maria, die Mutter des Herrn, hat das Wort nicht gehört: Kleingläubige. „Selig bist du“, sagt Elisabeth, „daß du geglaubt hast.“ Wenn wir uns sagen: Ich habe einen kleinen Glauben, dann wollen wir nicht zurückbleiben. Wir wollen auf Christus zugehen; denn der Glaube wächst, indem wir nach dem Glauben leben. Wir beten auch wie selbstverständlich im Rosenkranz: daß Gott in uns den Glauben mehre, die Hoffnung stärke, die Liebe entzünde, als hätte die Liebe noch gar nicht gebrannt. Das soll uns nicht hindern, auf Christus zuzugehen, weil wir sagen: Ich bin zu schwach. Nein, gerade diesen hat sich Christus zugewandt. Wir alle können in Glaube, Hoffnung und Liebe wachsen, und wir alle wollen tun, wozu wir fähig sind; und wenn es ein Gestammel ist. Der Apostel Paulus selbst schreibt: Wir wissen manchmal nicht, was wir recht beten sollen. Da tritt der Geist – nicht unser Geist –, da tritt der Heilige Geist in wortlosem Seufzen für uns ein (vgl. Röm 8, 26). Denn der, der da aufgeleuchtet ist im Herzen des Apostels, der ist unser Fürsprecher beim Vater. In dem vorhin erwähnten Zusammenhang schreibt der Apostel Paulus: „Wenn Gott für uns ist, wer ist dann wider uns?" (Röm 8,31). Und Christus sagt uns allen: „Ich habe euch Freunde genannt" (Joh 15,15).

Es ist das gleiche Evangelium, dessen Zeuge Pfarrer Landvogt gewesen ist, der gleiche Glaube, die gleiche Kirche, die gleiche heilige Messe, die gleiche heilige Kommunion, die gleiche Gemeinschaft der Glaubenden hier auf Erden und dort oben. Er, dessen wir heute gedenken, er ist nicht fern von uns. Die Toten sind nicht fern von uns. So wissen wir, daß er zu uns gehört, und wir können ihn durchaus in Zuversicht um seine Fürsprache für uns bitten. Wenn wir auch mit dem Mann im Evangelium sagen: Ich glaube, aber hilf meinem Unglauben, so wollen wir doch auch mit dem Apostel denken und sagen: „Wir verzagen nicht!"

Dieser Kelch ist der neue Bund in meinem Blut

Gen 17,3–9; Joh 8,51–59

Die Lesung aus dem Buch Genesis beschreibt einen wichtigen Vorgang im Heilshandeln Gottes, den Bundesschluß Gottes mit Abraham mit der Beschneidung als Zeichen dieses Bundes. Das Evangelium aus einem Streitgespräch des Jesus von Nazaret mit seinen pharisäischen Gegnern verdeutlicht, was es bedeutet, wenn das neutestamentliche Bundesgebot Gottes abgelehnt wird. Hier schon geht es nicht mehr um Werbung, hier geht es um die Verdeutlichung. Wenn ich anders sagte, „wäre ich ein Lügner gleich wie ihr". Wir fragen, was es mit dem Bundeswillen Gottes auf sich hat.

I

Bund ist eine Form des Zusammenhanges von Verschiedenem. Innerhalb der Gesamtwirklichkeit gibt es die verschiedensten Formen von Zusammenhängen, die theologisch beachtet und beschrieben werden müssen. Zunächst ist die Schöpfung eine Wirklichkeit, so vielfältig und mannigfaltig sie auch ist. Sie ist mindest eine, insofern alles in ihr geschaffen, geschöpflich ist. Dies ist eine tiefgreifende Gemeinsamkeit. Durch nichts kann die Kreatürlichkeit überwunden werden, was auch immer der Mensch tut oder was auch immer in der Gnade dem Menschen zuteil wird. Die Schöpfung schließt zugleich eine Vielfalt ein, so verlockend auch der Gedanke an ein einziges Geschöpf ist. Beide Schöpfungsberichte beschreiben sofort auch die Vielheit. „Es ist nicht gut, daß der Mensch allein bleibt. Ich will ihm eine Hilfe machen, die ihm entspricht" (Gen 2,18). Gemeinsam ist allen Kreaturen, daß sie nicht in sich selbst vollendet sind, zum Wesen muß der Sinn hinzukommen. Je höher die Kreaturen in der Pyramide des Seins ihren Platz haben, um so deutlicher wird dies, am deutlichsten bei Engel und Menschen. Hier geht es nicht nur um Leben oder Tod, sondern um Heil und Unheil; diese Bestimmungen sind noch bestimmender als Leben und Tod.

Neutestamentlich ergibt sich ein zunächst unvermuteter, aber erhellender Zusammenhang alles Geschaffenen mit dem unerschaffenen, ewigen Gottessohn und darum auch mit Christus. Im Kollosserbrief heißt es: „In ihm (dem geliebten Sohn) wurde alles erschaffen im Himmel und auf Erden, das Sichtbare und das Unsichtbare, Throne, Herrschaften, Mächte und Gewalten; alles ist durch ihn und auf ihn hin geschaffen" (Kol 1,16f).

Der menschgewordene Gottessohn ist damit nicht nur als der zweite Adam das neue Haupt der Menschheit, er ist das „Haupt aller Throne, Herrschaften, Mächte und Gewalten", also von allem Geschaffenen. Darum ist er Herr, König und Haupt der ganzen Schöpfung und am Weltende der Richter über alle und der Vollender der ganzen Schöpfung zum Endstand, dem Ziel von allem. Was in der Absicht das erste ist, das Gewollte, das Ziel, das ist in der Ausführung das Letzte, das erreichte Ziel. Darum ist die Wiederkunft des Herrn in großer Macht und Herrlichkeit die Vollendung, von der das ganze Weltgeschehen, auch die Erlösungstat in Jesus Christus wie das Geschick jedes einzelnen Menschen verstanden werden muß und verstanden werden kann. „Dann sah ich einen neuen Himmel und eine neue Erde; denn der erste Himmel und die erste Erde sind vergangen" (Offb 21,1).

Es gibt noch andere Formen von Zusammenhang, die man jedoch nicht als Bund bezeichnen kann. Hier ist vor allem an die Erbsünde zu denken. Besonders eindringlich beschreibt Paulus im 5. Kapitel des Römerbriefes den Zusammenhang aller mit Adam und den Zusammenhang aller mit Christus als dem zweiten und stärkeren Adam. Demnach haben in dem alten Adam alle gesündigt, alle sind zu Sündern geworden und der Erlösung bedürftig. Man kann sich fragen, wie, unter welchen Voraussetzungen dies möglich ist. Es ist kaum für möglich zu halten, daß das moralische Verhalten eines Menschen mit der Wirkkraft des menschlichen Verhaltens auf alle Menschen so bestimmend, so disqualifizierend wirkt, daß alle Menschen erlösungsbedürftig sind. Auch Maria hängt in ihrer Stellung vor Gott ganz von Christus ab; aus der Kraft der Erlösungstat Christi ist sie vor der Erbsünde von vornherein bewahrt geblieben, nicht aber befreit worden.

Anders ist es, wenn wir die Gnade einbeziehen. Offenbar gibt es im Bereich der Gnade engere Zusammenhänge, als sie auf Grund des rein ethischen Verhaltens möglich sind. Das bedeutet, daß Gnade einem Menschen als Erbgnade gegeben sein kann, während eine rein ethische Tat auf Grund ihrer eigenen Wirkkraft nicht auf alle übergehen, nicht für alle im Maß von Heil oder Unheil bestimmend sein kann. Darum kann Paulus sagen: „Durch einen einzigen Menschen kam die Sünde in die Welt und durch die Sünde der Tod, weil alle sündigten“, und zwar in dem einen Adam.

Es gibt noch andere, und zwar höhere Formen von Zusammenhängen, die man jedoch nicht als Bund betrachten kann, nämlich in Jesus Christus und in der heiligsten Dreifaltigkeit. Jesus Christus ist wahrer Gott und wahrer Mensch, aber nur eine, die göttliche Person. Die göttliche und die menschliche Natur sind hier unvermischt, weil unvermischbar, aber auch nicht getrennt, wie das Konzil von Chalzedon (451) sagt. Aber sie sind in der göttlichen Person auf das Höchste geeint. Umgekehrt ist es in der Trinität; hier sind drei Personen in der einen göttlichen Natur auf das Höchste geeint. Darum sprechen wir von der heiligsten Dreifaltigkeit im Blick auf die göttlichen Personen oder von der heiligsten Dreieinigkeit im Blick auf den einen Gott, auf die eine göttliche Natur. – Der Bund Gottes mit den Menschen, sowohl der alte wie der neue Bund, ist auch eine spezifische Form von Zusammenhang; wenden wir uns dem Bund zu.

II

Bund ist eine Grund- und Höchstform des Heilshandeln Gottes an dem Menschen. Wir sprechen von dem alten und von dem neuen Bund Gottes mit dem Menschen.

Der Bund, der Heilsbund Gottes mit den Menschen, ist zunächst ein Bund mit einzelnen. Der erste Bund ist der Bund Gottes mit Noach und seinen Söhnen. Nachdem Noach die Arche verlassen hatte, sprach Gott zu Noach und seinen Söhnen, die bei ihm waren: „Hiermit schließe ich einen Bund mit euch und mit euren Nachkommen und mit allen Lebewesen bei euch... Das ist das Zeichen des Bundes, den ich stifte zwischen mir und euch und den lebenden Wesen bei euch für alle kommenden Generationen: Meinen Bogen setze ich in die Wolken; er soll das Bundeszeichen sein zwischen mir und der Erde... Steht der Bogen in den Wolken, so werde ich auf ihn sehen und des ewigen Bundes gedenken zwischen Gott und allen lebenden Wesen, allen Wesen aus

Fleisch und Blut auf der Erde" (Gen 9,8.12f.16). Der Bund hat auch die konkrete Bedeutung, daß der Herr des Himmels und der Erde nie mehr durch eine solche Flut die lebenden Wesen auf der Erde ausrotten werde (V.11).
Ist ein Regenbogen auch für uns – also noch jetzt – das Zeichen des Bundes Gottes mit den Menschen? Der Regenbogen möge uns an Gottes Bund mit den Menschen erinnern, jedoch sind wir darauf nicht angewiesen. Für den neuen Bund ist uns nicht ein Zeichen gegeben, sondern der reale Grund des neuen Bundes. Es ist die Menschwerdung des ewigen Gottessohnes in Jesus von Nazaret, sein Leben, Leiden und Sterben, seine Auferstehung, seine Himmelfahrt. Damit ist der neue Bund auch der letzte Bund, weil er in Jesus Christus unaufhebbar und unüberbietbar geschlossen ist.
Der zweite Bund ist der Bund Gottes mit Abraham; von diesem Bundesschluß berichtet die Lesung. Im Text heißt es: „Ich schließe meinen Bund zwischen mir und dir samt deinen Nachkommen, Generation um Generation, einen ewigen Bund" (V.7). Das Zeichen des Bundes ist die Beschneidung. Es war ein entscheidender Schritt der Eigenständigkeit, nicht der Zusammenhanglosigkeit mit dem alten Bund, als die junge Christenheit die Beschneidung als überflüssig, als überholt erkannte.
Mit dem Bund Gottes mit Abraham war die Verheißung verbunden, daß der Hundertjährige noch von der neunzigjährigen Sara einen Sohn und durch diesen zahlreiche Nachkommen haben werde. Sara lachte, als sie das hörte. Aber Gott hatte Abraham hinausgeführt und gesagt: „Sieh doch zum Himmel hinauf und zähle die Sterne, wenn du sie zählen kannst. Und er sprach zu ihm: So zahlreich werden deine Nachkommen sein" (Gen 15,5). Der nächste

Vers heißt: „Abraham glaubte dem Herrn, und der Herr rechnete es ihm als Gerechtigkeit an."
Mit Isaak schließt der Herr einen Bund, da er ihm sagt: „Fürchte dich nicht, ich bin mit dir" (Gen 26,24). Mit Jakob schließt er einen Bund, da er ihm in dem Traum von der Himmelsleiter sagt: „Ich bin mit dir, wohin du auch gehst" (Gen 28,15). Mit Mose schließt Gott einen Bund, da er ihn sendet, in Kraft und Weisheit das Volk Israel aus Ägypten herauszuführen. Bis dahin war der Bund Gottes ein Bund mit einzelnen Menschen, am Sinai wurde der Bund ein Bund mit dem ganzen Volk Israel. „Wenn ihr auf meine Stimme hört und meinen Bund haltet, werdet ihr unter allen Völkern mein besonderes Eigentum sein" (Ex 19,5). Nachdem das Bundesgesetz auch mit den Zehn Geboten verkündet und von dem Volk angenommen war, schloß Mose feierlich für das ganze Volk den Bund mit Gott; er schlachtete Opfertiere. „Da nahm Mose das Blut, besprengte damit das Volk und sagte: Das ist das Blut des Bundes, den der Herr aufgrund all dieser Worte mit euch geschlossen hat" (Ex 24,8). „Das Blut des Bundes" ging sogar in die Einsetzungsworte des Herrn beim letzten Abendmahl ein: „Trinket alle daraus; das ist mein Blut, das Blut des Bundes, das für viele vergossen wird zur Vergebung der Sünden" (Mt 26,28). Dies ist ein Zeichen, daß der neue Bund die Erfüllung des alttestamentlichen Bundes ist.
Vielfach wird der Bund Gottes mit den Menschen mit der Ehe verglichen, ja Ehe genannt. Ehebruch meint im Alten Testament nicht nur die Sünde gegen das sechste Gebot, Ehebruch wird auch der Abfall vom Gottesglauben zum Götzendienst genannt. „Sie haben die Ehe gebrochen und an ihren Händen klebt Blut. Mit ihren Götzen haben sie Ehebruch getrieben" (Ez 23,37). Im Alten Testament ist die

Geschichte des Volkes Israel wie die keines anderen Volkes in seinem Verhältnis zu Gott beschrieben; es ist eine Geschichte häufigen Schwankens und vielfachen Abfalls von dem Bundesgott. Schon als Mose am Sinai von dem Berg mit den Gesetzestafeln herabkam, hörte er Singen und er sah das Volk um das goldene Kalb tanzen und es verehren. Voll Zorn zerschmetterte er die Gesetzestafeln. Gott drohte, das wankelmütige Volk zu vernichten. Mose legte Fürsprache für das Volk ein; die Ägypter sollen doch nicht sagen können, Gott habe das Volk zwar in die Wüste geführt, aber um es dort zu vernichten. Der Zorn Gottes legte sich, das Volk wurde verschont.

Das Volk war im Lauf seiner etwa anderthalbtausendjährigen Geschichte bis auf Jesus hin nach Zeiten frommen Gottesglaubens und einem bildlosen Kult immer wieder versucht, zum bilderreichen Götzendienst abzufallen. Das Volk wollte auch Könige haben, der allmächtige Gott als Herr und Helfer war ihnen nicht genug. Aber es gab Könige, die heidnische Frauen nahmen; und manche von ihnen brachten den Götzendienst ins Land und sogar bis in den Tempel hinein. Die Propheten hatten einen unsäglich schweren Stand. Der Hebräerbrief beschreibt im 11. Kapitel ihr Geschick. „Gesteinigt wurden sie, verbrannt, zersägt und mit dem Schwert umgebracht" (Hebr 11,7). Die Gefangenschaften in Babylon und in Assyrien wie die völlige Zerstörung des Tempels waren Strafen für den weitgehenden Abfall des Volkes von Gott. „An den Flüssen Babylons saßen wir und weinten, wenn wir an Zion dachten. Wir hängten unsere Harfen an die Weiden im Land" (Ps 137,1 f). Nach der Rückkehr aus der babylonischen Gefangenschaft wurde der Tempel wieder aufgebaut; aber er war nicht zu vergleichen mit der Herrlichkeit des ersten Tempels.

Die messianische Hoffnung war zwiespältig. Es gab das Bild von einem mächtigen Messiaskönig, dem Herrscher über alle Völker; und es gab das Bild von dem leidenden Gottesknecht, besonders in dem letzten Teil des Jesaja-Buches. Die messianische Erwartung hielt sich mehr und mehr an das Bild von dem Messiaskönig, an dessen Herrschaft auch das Volk teilzunehmen hoffte. Die messianische Hoffnung war vielfach mehr und mehr politisch geprägt. Nur wie ein dünnes Rinnsal erhielt sich bei den Stillen im Lande die Hoffnung auf einen Messias, der von den Sünden erlöst, der vor Gott rechtfertigt. Darum stieß der wahre Messias bei den Maßgeblichen im Land, bei den meisten Pharisäern auf erbitterten Widerstand; sie brachten ihn zu Tode; seinen Untergang konnten sie nicht bewirken.

Der alte Bund war messianisch; er war die Verheißung eines neuen Bundes, dem letzten, weil ewigen Bund. Er ist unerschütterlich fest gegründet in Jesus von Nazaret, dem von Gott gesandten Messias als Erlöser von der Sünde und damit zur Versöhnung mit Gott. Als solcher wurde er von Frommen erwartet. In dem Lobgesang des Zacharias nach der Geburt des Johannes, des späteren Vorläufers Jesu, heißt es: „Du wirst sein Volk mit der Erfahrung des Heiles beschenken in der Vergebung der Sünden" (Lk 1,77). Der greise Simeon kann, ohne einen Helden zu erwarten, Gott loben und preisen angesichts eines kleinen, hilflosen Kindes. „Nun läßt du, Herr, deinen Knecht, wie du gesagt hast, in Frieden scheiden. Denn meine Augen haben das Heil gesehen, das du vor allen Völkern bereitet hast" (Lk 2,29 f).
In Jesus von Nazaret, dem menschgewordenen Gottessohn, ist ein neuer, weil neuartiger Bund Gottes mit der Menschheit geschlossen, weil Jesus als Haupt der Mensch-

heit, als ein zweiter und stärkerer Adam konstituiert ist. Jesus steht nicht nur den Menschen als ihr Lehrer gegenüber; er stellt sich vielmehr auf unsere Seite, er tritt ein in die Reihe der Menschen, er faßt sie an der Hand, und ein Strom geht von ihm aus zu allen Menschen, das Angebot ewigen Heiles vor und in Gott. Er redet nicht nur die Menschen im allgemeinen an; er steht vielmehr vor eines jeden Haustür. Wohl dem, der ihm auftut; er will Wohnung bei uns nehmen und „Gastmahl" mit uns halten. In der heiligen Kommunion konkretisiert sich dies für jeden einzelnen in unvorstellbarem Ausmaß. „Wer mein Fleisch ißt und mein Blut trinkt, der bleibt in mir und ich bleibe in ihm" (Joh 6,56).
Es ist begreiflich, daß dieser Bund Gottes mit den Menschen im Neuen Testament ausdrücklich der neue Bund genannt wird. „Dieser Kelch ist der neue Bund in meinem Blut, das für euch vergossen wird", heißt das Kelchwort bei dem letzten Abendmahl (Mt 22,30). „Er hat uns fähig gemacht, Diener des neuen Bundes zu sein, nicht des Buchstabens, sondern des Geistes" (2 Kor 3,6). Dieser neue Bund ist nicht die gleichartige Verlängerung des alten Bundes, vielmehr ist der alte Bund aufgehoben, weil abgelöst. Der Vorhang im Tempel zerriß, der Blick in das Heiligtum und in das Allerheiligste wurde frei, nicht zur Befreiung, sondern zur spezifischen Respektierung. „Indem er von einem neuen Bund spricht, hat er den ersten für veraltet erklärt. Was aber veraltet und überlebt ist, das ist dem Untergang nahe" (Hebr 8,13).
Die Neuartigkeit des neuen Bundes bedeutet nicht, daß der neue Bund nun ohne jeden Zusammenhang mit dem alten Bund ist; er wurzelt im alten Bund, weil dieser messianisch ist, einen neuen und ewigen Bund verheißt. Offenbar wie selbstverständlich gehen die Apostel zu den üblichen Ge-

betszeiten in den Tempel, um mit den Juden zu beten. Gleichzeitig mußte sich die junge Kirche den Juden und Judenchristen gegenüber – die ersten Christen waren alle Judenchristen – dazu durchringen, daß sie, wenn auch im Zusammenhang mit dem jüdischen Glauben, keine jüdische Sekte seien, sondern eigen- und selbständig.

III

Um heilshaft in den Bund Gottes mit den Menschen, den alten oder den neuen Bund einzugehen, ist der Glaube erfordert. Der Glaube ist nicht Glaube an etwas, Volk Gottes oder Reich Gottes; der Glaube ist der Glaube an den Bundesgott, neutestamentlich an den Vater, an den menschgewordenen Sohn und an den Heiligen Geist. Glaube ist auch nicht nur ein zur Kenntnis nehmen, Glaube ist vielmehr die Hinbewegung auf, ist die Selbsthingabe an Gott. Dies ist auch im alten Bund so. Im Alten Testament gibt es eine Fülle von Gebeten. Man braucht nur an die Psalmen zu denken, um zu erkennen, wie unmittelbar hier das Verhältnis zu Gott ist. Das Buch Ijob ist begreiflicherweise von der quälenden Frage bestimmt, ob Gott uns hört oder ob unser Ergehen Gott gleichgültig ist. Enttäuschung über Gott ist leicht tödlich für den Glauben. Oft muß der Glaube wachsen, vertieft werden in der Erkenntnis der oft verhüllten Gaben Gottes. Darum beten wir alle im Rosenkranz, daß Gott in uns den Glauben mehre. „Glaubt ihr nicht, so bleibt ihr nicht", sagt der Prophet Jesaja (7,9).
Von dem Bundesschluß Gottes mit Abraham heißt es, daß Gott ihn auf die Sterne wies, so zahlreich würden seine Nachkommen sein trotz seines hohen Alters. Dann sagt die Schrift: „Abram (= Abraham) glaubte dem Herrn, und der

Herr rechnete es ihm als Gerechtigkeit an“ (Gen 15,6). Paulus wertet diese Stelle im Römerbrief und im Galaterbrief für seine Verkündigung aus, daß der Mensch nicht durch seine Werke, sondern in seinem Glauben gerechtfertigt wird. Denn Abraham wurde der Glaube, nicht die Beschneidung als Rechtfertigung angerechnet, und zwar vor, also ohne Beschneidung. Darum nennt er Abraham den „Vater jener, die... den Weg des Glaubens gehen, des Glaubens, den unser Vater Abraham schon vor seiner Beschneidung hatte“ (Röm 4,12). Im Galaterbrief sagt Paulus: „Daran erkennt ihr, daß nur die, die glauben, Abrahams Söhne sind“ (Gal 3,7).

Wenn Abraham alttestamentlich der Vater der Glaubenden ist, dann ist neutestamentlich Maria die Mutter der Glaubenden. Als Maria zu Elisabeth kommt, um ihr bei der Geburt ihres Kindes beizustehen, begrüßt sie Elisabeth und sagt zu ihr, „vom Heiligen Geist erfüllt“: „Selig ist die, die geglaubt hat, daß sich erfüllt, was der Herr ihr sagen ließ“ (Lk 1,45). Darauf folgt das Magnifikat. In der Schrift ist vom Glauben Marias nicht weiter die Rede; aber sie mußte ihr Leben in wachsender, ja in extremer Beanspruchung ihres Glaubens leben. Von dem „Siehe, ich bin die Magd des Herrn“, und dem „Hoch preiset meine Seele den Herrn“, bis unter das Kreuz, das war ein dornenvoller Weg. Ihr Glaube mußte immer noch weiter wachsen und schließlich in völliger Undurchsichtigkeit erhalten bleiben. Er blieb erhalten, indem sie, anders als die Feinde Jesu, jetzt weder über Gott, den Vater, noch über den am Kreuz sterbenden, hingerichteten Sohn urteilte. Maria ist in all den wechselvollen Stufen ihres Lebens die Glaubende geblieben.

Der Bund mit Gott qualifiziert den Menschen heilshaft. Friede mit Gott ist Heil. Jede Bundesaussage Gottes ist ein Trost, eine Verheißung, und schon eine Gabe, sei es die zahlreiche Nachkommenschaft, damit die Familie in die messianische Zeit hineinreicht, bis zu: „Freut euch und jubelt: Euer Lohn wird groß sein im Himmel", wie es in der Bergpredigt heißt (Mt 5,12). Das Reich Gottes, der Bund Gottes ist ja nicht leer, in ihm gibt es sechzig-, achtzig-, ja hundertfältige Frucht. „Ihr seid jetzt nicht mehr Fremde ohne Bürgerrecht, sondern Mitbürger der Heiligen und Hausgenossen Gottes" (Eph 2,19). „Wißt ihr nicht, daß ihr Gottes Tempel seid und der Geist Gottes in euch wohnt?... Gottes Tempel ist heilig, und der seid ihr" (1 Kor 3,16). Der Bund Gottes mit uns ist also nicht leer, er qualifiziert uns; er gibt uns mehr, als wir erwarten; seine Verheißungen überbieten unser Vorstellungsvermögen. Gott ist treu, Gott erfüllt, was er verspricht. Laßt auch uns treu sein, damit wir bei dem Offenbarwerden von allem, was es ist und was es wert ist, hören: „Kommt her, die ihr von meinem Vater gesegnet seid; nehmt das Reich in Besitz, das seit der Erschaffung der Welt für euch bestimmt ist" (Mt 25,34).

Gegenwärtige Früchte der Erlösung

Dan 3,14–20f. 97f; Joh 8,51–59

Heute ist der Mittwoch nach dem fünften Fastensonntag. Die beiden letzten Wochen vor dem hohen Osterfest nennen wir die Passionszeit. In diesen beiden Wochen singen wir auch nicht mehr eine der vier Präfationen für die Fastenzeit, sondern eine von den zwei Präfationen vom Leiden Christi.

Nun ist heute auch der 19. März; an diesem Tag feiern wir den heiligen Josef. Wir wollen aber das Meßformular des Tages nehmen und den heiligen Josef nur kurz erwähnen. Die Schrift nennt ihn „gerecht“ (Mt 1,19), und dies ist nicht wenig, wenn die Schrift es selbst sagt. Von ihm ist kein einziges Wort erhalten – aber er ist der Hörende und Befolgende. „Als Josef erwachte, tat er, was der Engel des Herrn ihm befohlen hatte und nahm seine Frau zu sich“, heißt es bei Matthäus (1,24). Und im 2. Kapitel heißt es: „Im Traum erschien Josef ein Engel und sagte: ‚Steh’ auf, nimm das Kind und seine Mutter und flieh nach Ägypten...‘ Da stand Josef in der Nacht auf und floh mit dem Kind und dessen Mutter nach Ägypten“ (Mt 2,13f). Vorbehaltlos und ohne Zögern folgt er dem Geheiß Gottes. Das ist viel. Aber er vollbringt noch mehr. Die Schrift kennt das Wort „sperare contra spem“ (vgl. Röm 4,18), „wider alle Wahrscheinlichkeit hoffen“. Bei Josef ging es um mehr; für ihn ging es darum, ob er einer Person mehr vertraute als der konkreten, anschaulichen Wirklichkeit. Er sah, daß die ihm Angetraute ein Kind erwartete, dessen Vater er nicht war. Er hatte keine Möglichkeit, dieses Faktum und sein Vertrauen in ihre

Treue in Einklang zu bringen. Aber er zögerte es immer wieder hinaus, aus der anschaulichen Wirklichkeit gegen sein Vertrauen in die Person die Konsequenzen zu ziehen und sie zu entlassen. Damit bekam er recht. Darüber wäre wohl einiges zu sagen. Denn das ist ja schon neutestamentlich. So stehen die wenigen, die noch glaubten, indem sie nicht urteilten, unter dem Kreuz Christi, ratlos. Das gilt für den neutestamentlichen Umgang Gottes mit den Menschen, daß sie trotz der erlittenen oder erfahrenen Leiden der Menschheit an Gottes allmächtige Güte und gütige Allmacht glauben – bis zur Danksagung. Aber lassen wir dies, bleiben wir bei der Messe des heutigen Tages.

I

Die Messe beginnt mit einem Vers aus dem 18. Psalm: „Du hast mich von meinen Feinden befreit, o Herr, mich über meine Gegner erhoben, dem Mann der Gewalt mich entrissen." In dieser gebeteten Glaubenszuversicht geht es schon um das Ganze, um Leiden, Sterben und Auferstehung als untrennbare Einheit. Wir wissen um diese Einheit, auf den Karfreitag folgt Ostern; unter dem Kreuz sah man noch nicht, daß das Sterben des Herrn nicht das Ende war, und doch ging es darum, in dieser Ratlosigkeit, die keinen Ausweg sehen konnte, jetzt nicht über Gott zu urteilen. Davon handeln im Grunde auch die Lesungen, der alttestamentliche Text und das Evangelium.

Die Lesung ist aus dem Buch Daniel genommen und erzählt die uns wohlbekannte, aber immer neu erwägenswerten Geschichte von den drei Jünglingen im Feuerofen. Daniel war mit vielen Juden in babylonischer Gefangenschaft. Er war jedoch mit seinen Freunden jahrelang zum Dienst am

Königshof herangebildet worden; er tat dort Dienst, und offenbar hatte der König Nebukadnezzar an ihm Gefallen. Daniel, der Ausländer, hatte aber auch Feinde; und als Daniel mit seinen Freunden gegen den ausdrücklichen Befehl des Königs das neugeschaffene Götterbild nicht anbetete, verklagten sie ihn beim König. Da setzt die Lesung ein. Der König stellt sie zur Rede und erwartet, daß sie jetzt noch seinem Befehl nachkommen; dann solle es gut sein. Sonst müßten sie sterben. Und welcher Gott könne sie aus seiner Hand retten? Sie erwidern: Unser Gott, der einzige Gott, er kann uns retten; wenn er uns aber nicht rettet – uns stockt der Atem –, dann glauben wir doch an ihn, dann beten wir doch dein von Menschen gemachtes Bild nicht an. Wir wissen, wie es weitergeht; sie werden in das Feuer geworfen, aber Gott rettet sie. Als der König, vielleicht auch bekümmert, nachschaut, sieht er sie völlig unversehrt, und sie sangen ihren Lobgesang auf Gott. Der König sah noch einen vierten, der aussah wie ein Göttersohn. Sie wurden herausgezogen, unversehrt. Ganz am Schluß heißt es im biblischen Text: „Es gibt keinen anderen Gott, der auf diese Weise retten kann" (Dan 3,96 b).

Dieses: „Gott kann retten, wenn aber nicht, dann glauben wir doch", dies ist für den Glauben des Gläubigen die Frage auf Leben und Tod – des Glaubens nämlich. Denn die Enttäuschung über Gott ist für den Glauben, für die Gläubigkeit fast unvermeidlich tödlich. Dieses Glaubenszeugnis der drei Jünglinge im Feuerofen ist für den alttestamentlichen Frommen ungemein anspruchsvoll. Denn er hatte für den Zustand nach dem Tod noch nicht ein solches Bewußtsein wie wir auf Grund des Zeugnisses der Apostel für uns und für die ganze Menschheit: Christus war tot, aber er lebt und stirbt nicht mehr. Denn was der Fromme des Alten Bundes

für seine Zukunft auch erwartete, er erhoffte doch auch, daß der Gerechte in diesem Leben noch recht bekomme, daß zur Bestätigung seines Glaubens der Ungerechte nicht über den Gerechten triumphiere, daß der Gerechte den Untergang des Gottlosen noch erlebe. Wie oft lesen wir dies in den Psalmen: Wie lange sollen die Gottlosen noch sagen: Wo ist denn euer Gott? Und das heißt: Was tut er denn für euch? Wie oft fleht der Gläubige, Gott möge doch wieder einmal so unübersehbare Zeichen setzen wie bei dem Auszug aus Ägypten, zur Bestärkung der Glaubenden und zur Beschämung der Spötter.
Selbst im Buch Ijob, in welchem doch die Frage nach dem Leiden des Gerechten extrem gestellt wird, erfolgt noch in diesem Leben der Ausgleich, ganz anders als in dem Gleichnis des Herrn vom reichen Prasser und dem armen Lazarus. Als Ijob seine Kinder und seinen Reichtum verliert, kann er noch denken und sagen: „Der Herr hat gegeben, der Herr hat genommen, gelobt sei der Name des Herrn“ (Ijob 1,20). Als aber er selbst von oben bis unten mit Geschwüren bedeckt ist, da „verflucht er seinen Tag... Ausgelöscht sei der Tag, an dem ich geboren wurde“ (Ijob 3,1.3). Und die drei Freunde, die zunächst erschüttert sind, sagen schließlich doch: Ijob, du mußt etwas angestellt haben; bekenne es vor Gott, dann kann dir schließlich Hilfe zuteil werden. Das läßt Ijob nicht gelten; er fährt sie an, aber eine Antwort weiß er auch nicht. Nach langem Reden macht der Herr selbst ein Ende. Er weist zwar Ijob zurecht, viel mehr aber die Freunde wegen ihres vordergründigen Redens; sie sollen Opfer darbringen. „Mein Knecht Ijob aber soll für euch Fürbitten einlegen, nur auf ihn nehme ich Rücksicht, daß ich euch nichts Schlimmeres antue“ (Ijob 42,8). Ijob aber kommt wieder zu Ehren; sieben Söhne bekommt er und

drei Töchter, mit Namen Täubchen, Zimtblüte und Schminkhörnchen. Dazu Rinder und Schafe in Menge. Er starb „hochbetagt und satt an Lebensjahren". So schließt das Buch Ijob.

II

Neutestamentlich geht es radikaler zu. Die Brüder des reichen Prassers sollen sich an das halten, was ihnen gesagt und geboten ist (vgl. Lk 16,29). Uns kann ja auch der Gedanke beschleichen, ob nicht Gott heute etwas tun sollte, was kein Mensch mehr als Wirken oder Werk des allmächtigen Gottes, des Schöpfers Himmels und der Erde bestreiten könnte. Aber die Antwort, welche Jesus den Juden gibt, gilt auch uns, und sie wird in allen Zeiten gelten: „Diese böse und treulose Generation fordert ein Zeichen, aber es wird ihr kein anderes Zeichen gegeben werden als das Zeichen des Jona" (Mt 16,4). Im Text heißt es sogar anschließend: „Und er ließ sie stehen und ging weg." Das Zeichen des Jona ist seine Auferstehung am dritten Tag. Damit beginnt die Verherrlichung dieses verspotteten, gekreuzigten und begrabenen Jesus von Nazaret, die sich entfaltet in der Himmelfahrt, im Sitzen zur Rechten des Vaters, in der Wiederkunft in Herrlichkeit zu richten die Lebenden und die Toten, und der Aufrichtung des ewigen Gottesreiches. Dies gilt aber nicht nur ihm, dem menschgewordenen Gottessohn, es gilt als unvorstellbare Verheißung auch uns. Denn er ist als der zweite Adam in seine Verherrlichung eingegangen, er wahrt den Zusammenhang mit uns, er zieht uns nach. „Ich habe ihnen die Herrlichkeit gegeben, die du mir gegeben hast", sagt der Herr beim letzten Abendmahl (Joh 17,22). Dies ist für uns unvorstellbar, und mit Recht sagte ein gläubiger

Denker unserer Tage: Was sind die paar Jahre des leidvollen Pilgerstandes verglichen mit ewiger Seligkeit!
Aber nicht nur dies gilt, nicht nur die Verheißung eines unstörbar seligen, ewigen Endstandes für die Seinen; wir sind auch in der Zeit nicht ohne spürbaren Trost gelassen, Gott wird ja der Gott des Trostes genannt. So heißt es schon im 3. Vers des 2. Korintherbriefes: „Gepriesen sei der Gott und Vater Jesu Christi, unseres Herrn, der Vater des Erbarmens und der Gott allen Trostes. Er tröstet uns in aller Not, damit auch wir die Kraft haben, alle zu trösten, die in Not sind, durch den Trost, mit dem auch wir von Gott getröstet werden" (1 Kor 1,3 f). Es gibt also gegenwärtige Früchte der Erlösung.
Genau davon spricht das Evangelium des heutigen Tages: „Wenn der Sohn euch frei macht, seid ihr wahrhaft frei" (Joh 8,36). Die oppositionellen Zuhörer verstehen ihn gar nicht, sie sagen, sie seien nie jemandes Sklaven gewesen. Er aber meint eine neue, neuartige Freiheit in dem Sinn: Erst wenn der Sohn euch frei macht, seid ihr wahrhaft frei. So spricht der Herr auch von dem Frieden: „Frieden hinterlasse ich euch, meinen Frieden gebe ich euch: nicht einen Frieden, wie die Welt ihn gibt, gebe ich euch" (Joh 14,27). Auch von der Freude spricht der Herr in einem neuen Sinn: „Ich werde euch wiedersehen; dann wird euer Herz sich freuen, und niemand nimmt euch eure Freude" (Joh 16,22). Freiheit, Friede, Freude, Trost, Hoffnung sind gegenwärtige Früchte der Erlösung, und das ist das Charakteristische, niemand kann sie uns nehmen, nur wir selbst können sie wegwerfen in solcher Sünde, die wir Todsünde nennen, weil die Gaben der Erlösung Leben, ewiges Leben sind. Darum heißt unser Gottesdienst „Eucharistia", Danksagung: „Lasset uns danken dem Herrn, unserem Gott."

Bleiben wir bei der Freiheit, von welcher das heutige Evangelium als diesseitiger Frucht der Erlösung spricht. Freiheit, Befreiung, wovon denn? Befreiung, eine Theologie der Befreiung mag notwendig, in manchen Gegenden besonders dringend notwendig sein. Aber auch dort, überall, für alle Menschen und zu allen Zeiten ist notwendig eine Theologie der Freiheit, einer Freiheit also, die von Menschen weder erkämpft noch gewährt werden kann, weil sie nämlich eine Gabe Gottes, eine spezifische Frucht der Erlösung ist, schon in der Zeit, jetzt und gleich für jeden, der sich in Glaube, Hoffnung und Liebe an Christus anschließt.
Aber was ist das für eine Freiheit, wovon sind wir befreit? Offenbar sind wir nicht befreit von der Mühsal des Lebens, nicht von Krankheit und Leid, nicht vom Sterben-müssen, oft in schwersten Formen. Immer mehr wissen wir von dem unsäglichen Leiden der Menschheit. Bricht eine Epidemie aus, sind die Christen offenbar genauso davon betroffen wie alle anderen; die Bomben fielen unterschiedslos auch auf ihre Häuser und Kirchen. In dieser Hinsicht ist ihnen ja auch nicht etwas anderes versprochen. Der Herr selbst sagt: „Ihr werdet weinen und klagen, aber die Welt wird sich freuen; ihr werdet bekümmert sein, aber euer Kummer wird sich in Freude verwandeln" (Joh 16,20). Worin also besteht die Freiheit als gegenwärtige Frucht der überfließend reichen Erlösungstat Christi? Diese Freiheit besteht darin, daß wir von der destruktiven Übermacht des Ereignishaften befreit sind. Unser Leben besteht ja nicht nur in dem, was wir wünschen, wollen und tun; ebenso gehört zu unserem Leben, was uns widerfährt. Dem kann sich kein Mensch entziehen. Wir werden unvermeidlich älter, Krankheiten verschiedenster Art können uns befallen, wir stehen in einem Weltgeschehen – Welt als Natur und Welt als die Menschheit

verstanden. „Vor Pest, Hungersnot und Krieg, vor schlechten, armseligen Zeiten bewahre uns, o Herr", so beten wir. Es gibt solche Zeiten, wir wissen es. Aber dies alles ist seiner destruktiven Übermacht entkleidet; das alles kann uns nämlich die Gnade der Erlösung nicht nehmen, all das kann die Sinnerfüllung unseres Seins in Christus nicht verhindern. Denn das Schlimmste am Schlimmen ist, daß es uns die Sinnerfüllung unseres Seins und Lebens endgültig zu zerstören scheint. In der Heilsgnade, die wir wegwerfen können, welche uns aber kein Widerfahrnis nehmen kann, reicht das ewige Leben bereits in die Zeit hinein. Denn Christus ist nicht nur der Weg zum Leben, Christus ist das Leben selbst. Darum kann Paulus sagen: „Was kann uns scheiden von der Liebe Christi? Bedrängnis oder Not oder Verfolgung, Hunger oder Kälte, Gefahr oder Schwert?... Doch all das überwinden wir durch den, der uns geliebt hat. Denn ich bin gewiß: Weder Tod noch Leben, weder Engel noch Mächte, weder Gegenwärtiges noch Zukünftiges, weder Gewalten der Höhe oder der Tiefe noch irgendeine andere Kreatur können uns scheiden von der Liebe Gottes, die in Christus Jesus ist, unserem Herrn" (Röm 8,35.37–39).
Aber nicht nur dies – daß nichts Ereignishaftes uns das Heil in Christus nehmen kann. Freiheit als gegenwärtige Frucht der Erlösung bedeutet auch, daß der Christ in Christus die Macht hat, dem Ereignishaften einen Sinn aufzuzwingen. Allem kann er einen Sinn aufzwingen, nur nicht der Sünde, von dieser muß er sich trennen, die Sünde muß er ablegen. Diese Macht des Christen kommt von Christus her, der selbst das extreme Beispiel dafür ist. In Jesus Christus hat sich der menschgewordene Gottessohn seiner Herrlichkeit „entäußert und wurde wie ein Sklave und den Menschen gleich" (Phil 2,7); „in allem uns gleich, außer der Sünde",

heißt es im IV. Hochgebet. In seiner Allmacht hat er wohl den Menschen geholfen, aber nicht sich selbst; so war der Auftrag des Vaters. Da ihn hungert, macht er sich nicht aus Steinen Brot; schließlich läßt er sich von den Menschen verurteilen und stirbt den Kreuzestod, ohne sich zu wehren. Seine Feinde wollten ihn radikal mundtot machen, sie haben sich durch die Hinrichtung an ihm ausgetobt, bis zu Siegeln und Wächtern am Grab. Damit waren sie am Ende.
Gott aber war nicht am Ende, Gott fährt in keine Sackgasse, Gott kommt nie in Verlegenheit. Gott weiß immer weiter. Der Tod Christi war eine Hinrichtung, Christus aber macht mehr, etwas ganz anderes daraus als das, was seine Gegner wollten. Christus macht seine Hinrichtung, seinen Tod zu unserer Erlösung. „Er hat den Schuldschein, der gegen uns sprach, durchgestrichen... Er hat ihn dadurch getilgt, daß er ihn an das Kreuz geheftet hat" (Kol 2,14). An das Kreuz angenagelt, schien Christus zur völligen Untätigkeit gezwungen zu sein, aber gerade da hat er seine größte Tat vollbracht, die überfließend reiche Erlösung für alle Menschen. Was in den Augen der Menschen seine unüberbietbare Erniedrigung war, das ist in den Augen des himmlischen Vaters der Grund seiner Verherrlichung. „Darum hat Gott ihn über alle erhöht und ihm den Namen verliehen, der größer ist als alle Namen, damit... jeder Mund bekennt: Jesus Christus ist der Herr, zur Ehre Gottes des Vaters" (Phil 2,9.11). Christus macht sein Sterben zum Zeichen seiner und des Vaters Liebe zu den Menschen, während seine Hinrichtung eine Ausgeburt des Hasses war. Christi Todesgehorsam ist das Zeichen seiner Überzeugung, daß es mit dem Willen des Vaters, daß es im Gehorsam gegen Gott keinen Untergang gibt, wie es umgekehrt gegen Gott keinen Aufgang, kein Gelingen gibt. Christus hatte die Macht, sich

seiner Gegner spielend leicht mit einem Wort zu erwehren, wie er anderen mit einem Wort geholfen hat: „Lazarus, komm heraus." Dies wollte der Vater nicht; darum hat es der geliebte und der liebende Sohn nicht getan. Aber die andere Macht hat der Vater dem menschgewordenen Sohn gelassen, dem Ereignishaften, seiner Erniedrigung bis zum Tod einen bleibenden Sinn aufzuzwingen. Dies ist die Macht zur Umqualifizierung des Schlimmen zum Guten, worin auch der Schlüssel zu sehen ist zu dem uns zunächst oft unbegreiflichen Handeln oder Schweigen Gottes.

Diese Macht zur Umqualifizierung ist in der Erlösung auch dem Menschen gegeben. Denn die Erlösung besteht in der *configuratio cum Christo*, in der Gleichgestaltung mit Christus, und zwar in seinem Erdenleben und in seiner Verherrlichung. Diese Gleichgestaltung besteht im inneren Anschluß an Christus in dem Glauben, „der in der Liebe wirksam ist" (Gal 5,6). Diese Gleichgestaltung besteht aber dann nicht nur in dem Maß der unerläßlichen ethischen Nachfolge: „Wer mein Jünger sein will, folge mir nach" (Mk 8,34). „Ich habe euch ein Beispiel gegeben" (Joh 13,15). Darüber hinaus hat die Heilsgnade selbst diese Gestalt, sie gibt uns diese Gestalt. In diesem Sinn sagt Jesus im Zusammenhang mit dem heutigen Evangelium: „Wenn ihr in meinem Wort bleibt, seid ihr wirklich meine Jünger. Dann werdet ihr die Wahrheit erkennen und die Wahrheit wird euch befreien" (Joh 8,31 f). Daher kann Paulus uns sagen: „Christus will ich erkennen und die Macht seiner Auferstehung und die Gemeinschaft mit seinem Leiden, sein Tod soll mich prägen. So hoffe ich, auch zur Auferstehung von den Toten zu gelangen" (Phil 3,10 f). Die Macht zur Umqualifizierung des Ereignishaften ist eine wesentliche Form der Freiheit als Frucht der Erlösung.

Dies gibt uns gewiß nicht das Recht, einem anderen Unrecht zu tun, weil er ja die Macht zur Umqualifizierung hat. Diese Form der Freiheit enthebt uns auch nicht der Verpflichtung, die Verhältnisse, die Umstände menschlichen Zusammenlebens zu verbessern, wo dies möglich ist. Aber das Ereignishafte gibt es immer, und wenn es der Tod ist. Freiheit, Friede, Freude, Hoffnung, Trost sind aber Früchte der Erlösung, wenn wir uns nur innerlich an Christus anschließen. Dafür danken wir Gott, darum ist unser Gottesdienst Danksagung.

Unser Gottesdienst, die Eucharistiefeier, ist die ständige Einübung, ja der Vollzug jener Ganzhingabe an Christus, welche der Glaube erfordert und in welcher wir erst die gegenwärtigen Früchte der Erlösung erfahren. Die Eucharistiefeier, welche nach einem Text des Zweiten Vatikanischen Konzils „in vorzüglichem Sinn heilige Handlung ist, deren Wirksamkeit kein anderes Tun der Kirche an Rang und Maß erreicht" (Konstitution über die heilige Liturgie, Art 7), ist zunächst Gebet, Verkündigung des Wortes Gottes und seine Auslegung. Dann begeben wir uns an den Altar, und was da geschieht, ist eine Einheit, welche nicht nur den Sinn hat, Brot und Wein in Jesu Fleisch und Blut zu verwandeln, damit wir kommunizieren können; es ist vielmehr die Vergegenwärtigung des einen und einmaligen Kreuzesopfers, es ist die Vergegenwärtigung des Todesgehorsams Christi als die uns erlösende, unendliche Huldigung des ewigen Vaters durch den menschgewordenen, ewigen Sohn. Das Konzil verlangt die *actuosa participatio*, die aktive Teilnahme aller Gläubigen an der heiligen Messe. Diese aktive Teilnahme besteht nicht schon darin, daß man möglichst viel singt, sondern unentbehrlich und entscheidend daran ist, daß wir uns vorbehaltlos mit dem Todesgehorsam Christi vereinen,

so vorbehaltlos, wie Christus sich in seinem Sterben dem Vater hingegeben hat. „Deinen Tod, o Herr, verkünden wir, und deine Auferstehung preisen wir, bis du kommst in Herrlichkeit.“ Dies gilt ebenso für den zelebrierenden Priester; sonst hält er anderen den Gottesdienst, aber es ist nicht der seine. Diese Selbsthingabe oder Ganzhingabe ist die Forderung des Hauptgebotes, Gott zu lieben aus ganzem Herzen; jeder von uns ist wie Petrus von dem Herrn gefragt: „Liebst du mich?“ (vgl. Joh 21,15ff). Die heilige Kommunion ist dann schon die Antwort Christi mit sich selbst. Christus antwortet mit sich selbst nicht darauf, daß wir Lieder singen, sondern darauf, daß wir uns ihm, daß wir uns selbst ihm hingeben. „Er hat seinen eigenen Sohn nicht verschont, sondern ihn für uns alle hingegeben – wie sollte er uns mit ihm nicht alles schenken?“ (Röm 8,32).
Eines freilich fällt uns auf. Christus hat die Hingabe an den Willen des Vaters das Leben gekostet, sie wurde durch seinen Tod besiegelt: „Es ist vollbracht.“ Uns kostet die Teilnahme an dem Gottesdienst eine Stunde oder noch weniger, worin freilich die vorbehaltlose Selbsthingabe enthalten sein muß. Christus ist in seinem ganzen Reden, Tun und Lassen dem Vater gehorsam. „Denn was ich gesagt habe, habe ich nicht aus mir selbst, sondern der Vater, der mich gesandt hat, hat mir aufgetragen, was ich sagen und reden soll. Und ich weiß, daß sein Auftrag ewiges Leben ist“ (Joh 12,49f). Er hat diesen Gehorsam in seinem ganzen Leben besiegelt durch die Hingabe seines Lebens im Tod. Und Lebenshingabe ist Selbsthingabe. Wenn das aber so ist, gehört dann nicht unser eigenes Sterben zur Selbsthingabe im Leben an Christus und in Christus an den Vater? Gehört dann nicht auch unser eigenes Sterben noch zur rechten Teilnahme an diesem Gottesdienst hier und heute? Wenn wir lebendige

Zweige an dem ewiges Leben gebenden Weinstock Christus bleiben, dann ist unser Tod, wann und wie er auch kommt, durch die rechte Teilnahme an dem heutigen Gottesdienst vorausqualifiziert, selbst wenn wir nicht mehr imstande sind, auch nur einen Gedanken zu fassen. Dann gilt: „Christus ist für mich Leben, und Sterben Gewinn" (Phil 1,21). Oder: „Leben wir, so leben wir dem Herrn, sterben wir, so sterben wir dem Herrn. Ob wir leben oder sterben, wir gehören dem Herrn" (Röm 14,8).
Was zu beschreiben versucht wurde, soll nicht irgendwann geschehen, sondern jetzt gleich und hier. Sammeln wir uns, daß wir uns Christus anschließen, „dem lebendigen Stein, der... von Gott auserwählt und geehrt worden ist" (1 Petr 2,4), daß wir uns mit Christus in seinem Leben und in seinem Tod vereinen. Er steht dann als seine Antwort auf unsere Selbsthingabe schon vor uns, schon vor der Tür und klopft an. „Wer meine Stimme hört und die Tür öffnet, bei dem werde ich eintreten, und wir werden Mahl halten, ich mit ihm und er mit mir" (Offb 3,20).

Ihr werdet meine Zeugen sein

„Ihr werdet meine Zeugen sein in Jerusalem und in ganz Judäa und Samarien und bis an die Grenzen der Erde" – damit verabschiedet sich Jesus von seinen Jüngern vor seiner Himmelfahrt (Apg 1,8). Der himmlische Vater gibt Zeugnis für Jesus als seinen Sohn bei der Verklärung und bei der Taufe im Jordan; Jesus gibt Zeugnis für den himmlischen Vater. Johannes der Täufer bezeugt: „Er ist der Sohn Gottes" (Joh 1,34). Das Zeugnis ist die Weise, wie der christliche Glaube glaubhaft in der Welt bezeugt wird.

I

Zeugnis zu geben ist der ausdrückliche Auftrag des Herrn an die Jünger. Ihr Zeugnis ist primär Zeugnis für Jesus von Nazaret als den Messias, als Christus, als den im Heiligen Geist für seine Sendung ausdrücklich Gesalbten. „Auch ich kannte ihn nicht; aber der mich gesandt hat, mit Wasser zu taufen, er hat mir gesagt: Auf wen du den Geist herabkommen siehst und auf wem er bleibt, der ist es, der mit dem Heiligen Geist tauft: Das habe ich gesehen, und ich bezeuge: Er ist der Sohn Gottes" (Joh 1,33f). Weil Christus der ist, der er ist, darum, nur darum, kann er tun, was er tut, und sagen, was er sagt. Zum Messiasglauben gehört nicht nur der Glaube, daß mit Jesus das Reich Gottes für uns da ist; zum Messiasglauben gehört auch, was schon Johannes der Täufer bezeugt: Er ist der Sohn Gottes. Zu dem Mes-

siasglauben gehört auch das Aufnehmen seiner Worte und Lehre. Nach der Verheißung des Altarsakramentes, der heiligen Kommunion, als viele, die bisher Jesus angehangen hatten, nun wegbleiben, nimmt er von seiner Verheißung nichts zurück; er fragt vielmehr die Jünger: „Wollt auch ihr weggehen?" Simon Petrus antwortete ihm: „Herr, zu wem sollen wir gehen? Du hast Worte des ewigen Lebens. Wir sind zum Glauben gekommen und haben erkannt: Du bist der Heilige Gottes" (Joh 6,67–69).
Der Messiasglaube der Jünger, erst recht ihr Glaube an die wahre Göttlichkeit dieses Jesus von Nazaret als des menschgewordenen, ewigen Gottessohnes, mußte in Stufen errungen werden und auch dann noch schwere Phasen durchmachen. Phasen, in welchen ihr Glaube ohne Erkenntnis war. Auf ihrem letzten Weg von Galiläa nach Jerusalem sprach der Herr seinen Jüngern dreimal davon, er werde in Jerusalem sterben, aber auferstehen. „Auferstehen" verstanden sie schon gar nicht. Totenerweckung, wie sie sie erlebten, war es nicht; aber was sollte es sonst noch geben? Sterben, das verstanden sie, und davor wollten sie ihn bewahren. Im Matthäusevangelium heißt es ausdrücklich: „Da nahm ihn Petrus beiseite und machte ihm Vorwürfe; er sagte: Das soll Gott verhüten, Herr. Das darf mit dir nicht geschehen. Jesus aber wandte sich um und sagte zu Petrus: Weg mit dir, Satan, geh mir aus den Augen! Du willst mich zu Fall bringen; denn du hast nicht das im Sinn, was Gott will, sondern was die Menschen wollen" (Mt 16,22f).
Tatsächlich waren die Jünger ratlos; sie wurden im letzten Abschnitt des Lebens Jesu von einer Überraschung in die andere gestürzt. Er hatte Kranke aller Art geheilt, Tausende mit Brot gesättigt, er hatte den Sturm gestillt und Tote erweckt. Gerade dies hatten sie vor wenigen Tagen noch bei

Lazarus erlebt; und jetzt geht er mit offenen Augen in seinen Tod. Wer sollte das auch verstehen! Sie wollten nicht nur, daß er nicht stirbt: „Das soll Gott verhüten"; sie hatten noch einen anderen Grund, ihn vom Tod zurückzuhalten. Was er auch alles getan hatte, der große Durchbruch zum Glauben der vielen an ihn als Messias war ausgeblieben. Gespeist hatte er Tausende, unter dem Kreuz standen zwei, Maria und Johannes; indem Johannes dabeistand, stand er ihr bei. In einigem Abstand standen noch andere Jünger, Männer und Frauen. Die Jünger waren ratlos und daher hoffnungslos; denn offenbar war die große messianische Tat ausgeblieben. Auch Maria wußte offenbar nicht, sich und anderen eine erklärende Antwort zu geben. Wir haben nicht die geringste Andeutung, daß Jesus seiner Mutter vertraulich gesagt hätte, wie es weitergehen werde. Gerade darin ist sie neutestamentlich die Mutter der Glaubenden, wie Abraham alttestamentlich der Vater der Glaubenden ist (vgl. Röm 4,11). Die Höchstleistung bestand darin, jetzt nicht zu urteilen wie die Feinde Jesu: Er ist nicht der Liebling Gottes; denn wäre er das, dann hätte Gott ihm geholfen. Er ist nicht der Messias; denn der Messias kommt als Held und Sieger. Die Jünger, die nach Emmaus gingen, hatten von den Frauen am Grab noch gehört, er sei auferstanden; auch daß Petrus und Johannes sein Grab leer fanden; „ihn selbst aber sahen sie nicht" (Lk 24,24). Trotzdem gehen sie ungetröstet von Jerusalem weg nach Haus: „Wir aber hatten gehofft, daß er es sei, der Israel erlösen werde" (Lk 24,21). Ihre messianische Hoffnung ist also offenbar ein Irrtum, ein tief enttäuschender Irrtum gewesen. Der Apostel Thomas glaubt den anderen nicht, daß Jesus auferstanden und ihnen erschienen sei, wenigstens nicht, daß der Erschienene der Gekreuzigte gewesen sei; dann müsse er seinen Finger in seine

Wunden legen. Das konnte er bei dem nächsten Kommen des Auferstandenen tun; er tat es aber nicht, er sagte: „Mein Herr und mein Gott" (Joh 20,28).
Nachdem er den Jüngern mehrmals erschienen war und mit ihnen gegessen hatte, waren sie überzeugt: Er ist auferstanden, er lebt. Aber kaum ist diese Überzeugung bei ihnen gefestigt, kommt schon wieder etwas Neues – er verläßt sie; denn er kehrt zurück zum Vater, von welchem er ausgegangen ist. „Vom Vater bin ich ausgegangen und in die Welt gekommen; ich verlasse die Welt wieder und gehe zum Vater" (Joh 16,28). Aber was soll denn dann sein? Die Jünger hatten in diesen Wochen keine Möglichkeit, sich Gedanken um die Zukunft zu machen, ihr Herr und Meister war wieder unter ihnen. Aber jetzt kündet er schon wieder etwas Neues an. Gemäß der Apostelgeschichte fragen sie ihn noch unmittelbar vor seiner Himmelfahrt: „Herr, stellst du in dieser Zeit das Reich für Israel wieder her?" (Apg 1,6). Er antwortet: Es ist nicht ihre Sache, das zu wissen; sie werden die Kraft des Heiligen Geistes empfangen und sollen dann und können dann seine Zeugen sein bis an die Grenzen der Erde (ebd.). Richtest du das Reich auf, das wäre die große messianische Tat, auf welche sie jedoch vergebens warteten. Denn offenbar hatten diese Jünger noch nicht begriffen, daß sein Tod und die Auferstehung zum ewigen Leben als Mensch die große messianische Tat war. Sie war schon längst getan, als sie immer noch auf sie warteten. Wie sollte ein Mensch auch nur vermuten, daß dieses Leiden und Sterben seine große messianische Tat war? Aber wie sollten sie auch damit rechnen, daß er hier nicht nur erlitt, was er erlitt, sondern daß er in seinem freiwilligen Leiden, ohne jeden Widerstand, die größte Tat seines Lebens, ja die Erlösung für die ganze Menschheit vollbrachte?

Dies wurde ihnen erst mit der Herabkunft des Heiligen Geistes offenbar; in dem gesendeten Heiligen Geist wird ihnen die Bedeutung des Kreuzestodes plötzlich einsichtig. Schon vor seinem Leiden hatte er ihnen gesagt: „Es ist gut für euch, daß ich fortgehe. Denn wenn ich nicht fortgehe, wird der Beistand nicht zu euch kommen; gehe ich aber, so werde ich ihn euch senden... Noch vieles habe ich euch zu sagen, aber ihr könnt es jetzt nicht tragen. Wenn aber jener kommt, der Geist der Wahrheit, wird er euch in die ganze Wahrheit führen" (Joh 16,7.13). So kam es denn auch. Von der Himmelfahrt Christi kehrten die Jünger getröstet zurück. Denn wenn sie auch noch keine Vorstellung von der Zukunft hatten, so hatten sie doch die Gewißheit, daß sein Tod kein Untergang war; sie erlebten den Beginn seiner Verherrlichung. Die Himmelfahrt war eine letzte und unüberschaubare Offenbarung seiner Göttlichkeit. Denn die Himmelfahrt war nicht nur eine Bewegung nach oben wie die eines Ballons, vielmehr wurde offenbar, daß er mit seiner Menschheit in den Himmel auffuhr, von wo er ausgegangen war, hin zur Rechten des Vaters. Zum Zeichen dessen waren plötzlich zwei Engel da: „Während sie unverwandt ihm nach zum Himmel emporschauten, standen plötzlich zwei Männer in weißen Gewändern bei ihnen und sagten: Ihr Männer von Galiläa, was steht ihr da und schaut zum Himmel empor? Dieser Jesus, der von euch ging und in den Himmel aufgenommen wurde, wird ebenso wiederkommen, wie ihr ihn habt zum Himmel hingehen sehen" (Apg 1,10f).

Sie kamen nun jeden Tag zum Gebet zusammen, 120 Jünger; auch Maria war dabei (vgl. Apg 1,14). Am zehnten Tag nach der Himmelfahrt, für sie als Juden wie für alle der erste Arbeitstag der Woche, kam der verheißene Heilige Geist auf sie herab, begleitet von einem Brausen „vom Himmel her“ und von Feuerflammen, welche sich auf alle verteilten. Das waren Zeichen für den Heiligen Geist, der sie alle erfüllte, und sie begannen in fremden Sprachen zu reden. Als die Passanten aufmerksam wurden – wir kennen vom Pfingstfest diese Lesung aus der Apostelgeschichte – und solche pharisäischen Geistes spotteten: „Sie sind vom süßen Wein betrunken“ (Apg 2,13), da trat Petrus mit den Elf auf – Matthias war schon an Stelle von Judas Iskariot gewählt – und erklärte mutig und furchtlos, was geschehen war. Ihn „habt ihr durch die Hand von Gesetzeslosen ans Kreuz geschlagen und umgebracht. Gott aber hat ihn von den Wehen des Todes befreit und auferweckt“ (Apg 2,23 f). Mit noch vielen anderen Worten beschwor und ermahnte er sie: „Laßt euch retten aus dieser verdorbenen Generation“ (Apg 2,40). „Den Urheber des Lebens habt ihr getötet, aber Gott hat ihn von den Toten auferweckt. Dafür sind wir Zeugen“ (Apg 3,15).

II

Nach der Herabkunft des Heiligen Geistes konnten die Jünger sein, was sie sein sollten, Zeugen für Jesus von Nazaret, glaubhafte Zeugen ihres eigenen Glaubens, daß Jesus der verheißene Messias war und ist, und schließlich, daß er wahrhaftig Gottes Sohn ist. Sie sind Zeugen, und das ist mehr als ein Informant. Ein Informant kann persönlich möglichst unbeteiligt, sachlich unterrichten: Die Katholiken glauben dies, die Lutheraner das, die Calviner wieder anders, und so die Mohammedaner, die Buddhisten. Dies ist nicht Glaubenszeugnis, dies ist Religionswissenschaft. Der Zeuge dagegen identifiziert sich mit seinem Glauben.

Der bloße Informant kommt in der Schrift offenbar überhaupt nicht vor, sondern nur der Zeuge. Der Hauptzeuge ist Christus selbst: Jesus Christus „ist der treue Zeuge, der Erstgeborene der Toten“ (Offb 1,5). Wofür ist Christus der treue Zeuge? Dafür, wie Gott, der Vater ist. „Niemand hat Gott je gesehen. Der Einzige,der Gott ist und am Herzen des Vaters ruht, er hat uns Kunde gebracht“ (Joh 1,18).
Die Urgemeinde hatte ja noch keine neutestamentlichen Schriften, sie argumentierte aus dem Alten Testament für Jesus als Messias, wie es Petrus schon bei seiner ersten Predigt tut, wie es der Herr selbst den Emmaus-Jüngern gegenüber getan hatte. Der Hebräerbrief zählt durch das ganze 11. Kapitel mit vierzig Versen die alttestamentlichen Zeugen auf. „Gesteinigt wurden sie, verbrannt, zersägt, mit dem Schwert umgebracht; sie zogen in Schafspelzen und Ziegenfellen umher, notleidend, bedrängt und mißhandelt. Sie, deren die Welt nicht wert war, irrten umher in Wüsten und Gebirgen, in den Höhlen und Schluchten des Landes“ (Hebr 11,37f). Das 12. Kapitel beginnt dann so: „Da uns eine solche Wolke von Zeugen umgibt, wollen wir alle Last und die Fesseln der Sünde abwerfen. Laßt uns mit Ausdauer in den Wettkampf laufen, der uns aufgetragen ist, und dabei auf Jesus blicken, den Urheber und Vollender des Glaubens... Denkt an den, der von den Sündern solchen Widerstand gegen sich erduldet hat, dann werdet ihr nicht ermatten und den Mut nicht verlieren“ (Hebr 12,1,2a.3).
In diesem Sinn sind die Jünger Christi Zeugen; sie können es sein, bis an die Grenzen der Erde. „Wie mich der Vater gesandt hat, so sende ich euch“ (Joh 20,21). Den Jüngern ist dieser Auftrag dringlich gegeben. Es fällt jedoch auf, daß jede nähere Anweisung fehlt, etwa in dem Sinn: Werdet ihr dies gefragt, dann antwortet das; werdet ihr so gefragt, dann

antwortet so. Und gefragt wurden sie sehr bald, sogar unter Drohungen. Aber keine Antwort liegt jederzeit abrufbar bereit; wohl aber: „Wenn man euch abführt und vor Gericht stellt, dann macht euch nicht im voraus Sorgen, was ihr sagen sollt, sondern was euch in jener Stunde eingegeben wird, das sagt! Denn nicht ihr werdet dann reden, sondern der Heilige Geist. Brüder werden einander dem Tod ausliefern und Väter ihre Kinder... Und ihr werdet um meines Namens willen von allen gehaßt werden; wer aber bis zum Ende ausharrt, der wird gerettet" (Mk 13,11–13). Dies alles, das Leben der Zeugen und was sie für sinngebend hielten, hing an einem Faden, nämlich daran, daß Christus der ist, der er ist, und das für sie tut, was er ihnen zugesagt hatte: „Ich werde euch nicht als Waisen zurücklassen, sondern ich komme wieder zu euch... An jenem Tag werdet ihr erkennen: Ich bin in meinem Vater, ihr seid in mir und ich bin in euch" (Joh 14,18.20). Ein solches Vertrauen mußten sie in Christus haben, daß sie sich, „ihre Existenz durchsichtig auf Christus gründeten" (Kierkegaard).

III

Im Epheserbrief heißt es: „Ihr seid auf das Fundament der Apostel und Propheten gebaut; der Schlußstein ist Christus Jesus selbst" (Eph 2,20). Tatsächlich lebte die Urgemeinde, die erste Generation, von ihrem eigenen Erleben, von dem Zeugnis der Augen- und Ohrenzeugen. Für Judas Iskariot wählen die Apostel einen anderen in ihren Kreis, in den Kreis der Zwölf. Aber daran sind Bedingungen geknüpft. Es muß sein „einer von den Männern, welche die ganze Zeit mit uns zusammen waren, als Jesus, der Herr, bei uns ein- und ausging, angefangen von der Taufe des Johannes bis zu dem Tag, an dem er von uns ging und (in den Himmel) aufgenommen wurde – einer von diesen muß nun zusammen mit uns Zeuge seiner Auferstehung sein“ (Apg 1,21 f). Nach ihrem Gebet für die rechte Wahl „fiel das Los auf Matthias, und er wurde den zwölf Aposteln zugerechnet“ (Apg 1,26). Johannes beginnt seinen ersten Brief so: „Was von Anfang an war, was wir gehört haben, was wir mit unseren Augen gesehen, was wir gesehen und was unsere Hände angefaßt haben, das verkünden wir: Das Wort des Lebens“ (1 Joh 1,1).

Auf dem Zeugnis der Augen- und Ohrenzeugen beruht jeder christliche Glaube. Dies meint der Epheserbrief, wenn er sagt: „Auf das Fundament der Apostel und der Propheten“ ist der Glaube gebaut. „Propheten“ sind hier nicht etwa die alttestamentlichen Propheten, sondern die Augenzeugen des neuen Bundes in Jesus von Nazaret. Aber die Generation der Augenzeugen stirbt aus, teils sterben sie den Märtyrertod. Die Apostel wurden ja schon bald vor den Hohen Rat gestellt, und es wurde ihnen verboten, von Jesus von Nazaret zu predigen. „Ihr aber habt Jerusalem mit eurer Lehre erfüllt; ihr wollt das Blut dieses Menschen über uns bringen. Petrus und die Apostel antworteten: Man muß Gott mehr gehorchen als den Menschen (Apg 5,28 f). Wie hatte sich das Blatt gewandt! Noch vor wenigen Wochen hatte die Masse geschrieen: „Sein Blut komme über uns und unsere Kinder!“ (Mt 27,25); jetzt: „Ihr wollt das Blut dieses Menschen über uns bringen.“ Die Apostel taten das nicht, das tat der Hohe Rat selbst.

Es sollte sich schon bald zeigen, daß die Urgemeinde als Urkirche die Antwort auf die aufkommenden Fragen nicht im voraus hatte; auch sie mußte sich zu den Antworten durchringen, und so bleibt es in der Kirche bis zur Stunde.

Ganz dringlich und von grundsätzlicher Bedeutung wurde die Frage nach dem Verhältnis des christlichen Glaubens zum Judentum, die durch das sogenannte ‚Apostelkonzil' entschieden wurde.

In Antiochia, weit nördlich von Jerusalem, war eine Christengemeinde entstanden. Dort wurden die Jesusjünger zum ersten Mal und erstaunlicherweise „Christen" genannt und nicht etwa Jesuaner, was nahegelegen hätte. Einige Jünger aus dem Kreis der Gemeinde der Judenchristen in Judäa besuchten die neuentstandene Gemeinde und forderten die Brüder auf, sich nach dem mosaischen Gesetz beschneiden zu lassen. Dadurch kam es zu großer Aufregung und heftigen Auseinandersetzungen. Der Streit konnte in Antiochia nicht geschlichtet werden. Man schickte eine Gruppe nach Jerusalem, darunter auch Paulus und Barnabas. Dort war zunächst auch eine Meinungsverschiedenheit entstanden, weil frühere Pharisäer darauf bestehen wollten, Christen müßten das ganze Gesetz des Mose beobachten. Schließlich wurde durch die „Ältesten", Petrus, Jakobus und Johannes, mit der erstaunlichen, theologisch hochqualifizierten Formulierung entschieden: „Der Heilige Geist und wir haben beschlossen, euch keine weitere Last aufzuerlegen als diese notwendigen Dinge: Götzenopferfleisch, Blut, Ersticktes und Unzucht zu meiden" (Apg 15,28f). Man sieht, es bleiben zwar bescheidene Reste, die aber von selbst von der Bildfläche verschwanden. Erstaunlich ist die Formulierung: „Es hat dem Heiligen Geist und uns gefallen", weil sie zeigt, daß die Urgemeinde das klare Bewußtsein hatte, nicht allein gelassen zu sein, vielmehr den Beistand des Heiligen Geistes zu haben, obwohl es dafür kein äußeres Zeichen gab.

Die Frage nach dem Verhältnis des christlichen Glaubens zu

dem jüdischen Glauben hatte grundsätzliche Bedeutung. Es war die Frage, ob das Christentum eine Variante des jüdischen Glaubens war oder eine selbst- und eigenständige Größe. Das letzte muß aufrechterhalten werden. Dies bedeutet jedoch nicht, daß jeder Zusammenhang aufgegeben sei. Der Gott Abrahams, Isaaks und Jakobs ist der Vater unseres Herrn Jesus Christus, und umgekehrt. Der Vater Jesu Christi ist der Gott Abrahams, Isaaks und Jakobs. Das Judentum ist die Wurzel, was daraus geworden ist in Jesus Christus, das hat die Führungsschicht der Juden abgelehnt. Aber die Frage nach dem Messias mußte bei der Verleugnung Jesu Christi ohne glaubhafte Antwort bleiben, und sie ist es bis heute geblieben.

IV

Auch heute und bis zum Ende der Zeiten wird der Christusglaube nicht anders anfrechterhalten und verbreitet als durch das glaubwürdige Zeugnis für Christus, für denselben und gleichen Christus, wie ihn die Jünger verkündet haben. „Jesus Christus ist derselbe gestern, heute und in Ewigkeit" (Hebr 13,8). Wir haben die Verheißung, daß der christliche Glaube von dem Zeugen unter dem Beistand des Heiligen Geistes, der ja auch die Apostel zum Zeugnis befähigte, zu allen Zeiten und überall glaubhaft verkündigt werden kann. Freilich ist diese Verkündigung in unserer Umwelt, im westlichen Europa, erschwert, weil diese unsere Umwelt im Abfall von Christus begriffen ist. Dazu hat ein langer geistiger Prozeß geführt.

Zur Zeit Christi und der Apostel war dies anders; da war die Umwelt nicht im Abfall von jeglichem Gottesglauben begriffen; damals ging es im wesentlichen nicht darum, ob man überhaupt etwas glaubt, sondern darum, was man glaubt. Dies ist ja auch die Situation, welche die Missionare vorfinden. Augustinus kann noch sagen, man finde eher eine Stadt ohne Mauern als eine Stadt ohne Tempel.

Zu Beginn der Neuzeit wurde der Gottesglaube schwer erschüttert, und zwar durch die Erkenntnis der Zweitursachen. Der Mensch des Alten Testaments betrachtete alles, was nicht von dem Menschen gemacht und bewirkt war, als von Gott bewirkt. Gott holt die Sonne am Morgen herauf, und Gott schickt sie am Abend hinunter. Heute noch heißt es bei unseren Wetterkarten: Sonnenaufgang um soviel, Sonnenuntergang um soviel Uhr. Die Alten dachten auch, Gott macht das Wetter, Gott schickt Sonnenschein oder Regen, Hagel oder Schnee. Gott hat die Sterne am Himmel aufgehängt, die Erde fest gegründet und dem Meer seine Grenzen gesetzt. Als dann erkannt wurde, daß die Sonne nicht auf- und untergeht, daß die Sterne nicht aufgehängt sind, sondern daß sie sich bewegen, daß das Wetter vom Luftdruck abhängt, da entstand plötzlich die Frage: Was tut denn Gott, tut Gott überhaupt etwas? Tut Gott gar etwas für mich, oder bin ich einer von Milliarden von Menschen, als einzelner bedeutungslos wie ein Sandkorn am Meeresstrand? Aber der Herr sagt doch, daß nicht einmal ein Sperling vom Dach fällt ohne den Willen des Vaters im Himmel. Dazu kam noch, etwa von der Mitte des vorigen Jahrhunderts an, der Rausch der Naturwissenschaften und der Technik; alles schien möglich, es sei nur eine Frage der Zeit.

Erstaunliches ist möglich geworden, wir sind dessen Zeuge; trotzdem ist der Rausch der Naturwissenschaft und der Technik verflogen, wir stoßen an die Grenzen unserer Möglichkeiten. Wir wissen heute, die Naturwissenschaft selbst weiß, daß es nichts gibt, wovon wir alles wissen. Wir wissen, daß wir heute manches tun können, was wir schon um der Menschheit willen nicht tun dürfen. Mit den meisten Autos kann man schneller fahren, als es gut ist; mit den vorhandenen atomaren Waffen kann man die Menschheit vernichten, kann man die Erde unbewohnbar machen. Wird die Menschheit auf die Dauer die Kraft aufbringen, solche Waffen nicht zu benutzen? Wir können die Lufthülle um die Erde so verändern, daß der Mensch in großen Gebieten nicht mehr leben kann; dazu brauchen wir nicht einmal etwas Besonderes zu tun, wir brauchen nur so weiter zu machen wie bisher.

Durch all das und vieles andere ist eine Ernüchterung eingetreten. Es wird erkannt, daß es nicht nur um mehr und um schneller geht, ganz andere Faktoren müssen wirksam ins Spiel gebracht werden. Zucht und Maß ist erforderlich, eine der vier Kardinaltugenden (von *cardo*, die Türangel), von denen schon die griechischen Ethiker ein paar Jahrhunderte vor Christus wußten und sagten, daß sie unentbehrlich seien, um recht zu leben. In unserer Öffentlichkeit habe ich das Wort Tugend sehr lange nicht gehört. Wir, die westliche Welt, sind in einer krisenhaften Situation.

Wir haben uns zu fragen, ob die Kirche, ob die Gläubigkeit bei uns auch in einer Krise ist. Mehrere Jahrzehnte, schon vor dem Konzil, nahm der Gottesdienstbesuch bei uns ab. Diese Bewegung ist nahezu zum Stillstand gekommen, aber wir haben immer noch mehr Kirchenaustritte als Kircheneintritte. Mancher argumentiert, er brauche keine Kirche und keinen Glauben, um sozial tätig zu sein, etwa für die Dritte Welt, das tue er schon aus humanen Gründen. Aber hier liegt ein Mißverständnis vor; das Mißverständnis, Glaube, Gebet, Gottesdienst sei ein Mittel für etwas ande-

res, davon Verschiedenes. Dies trifft aber nicht zu. Gottesdienst z. B. ist nicht ein Mittel für etwas davon Verschiedenes, Gottesdienst hat seinen vollen Sinn in sich selbst, nämlich als Anbetung, als Lobpreis Gottes in der Dimension Christi, der hier auf unserer Seite steht: „Durch ihn und mit ihm und in ihm ist dir, Gott, allmächtiger Vater, in der Einheit des Heiligen Geistes alle Herrlichkeit und Ehre jetzt und in Ewigkeit." So lautet in der Messe der inhaltsreiche und aussagekräftige Abschluß jedes der vier Hochgebete. Dieser Text ist erhellend für unseren ganzen Gottesdienst, dafür, daß er seinen vollen Sinn in sich selbst hat.
Gibt es denn keine Gründe zur Hoffnung? Doch, diese gibt es. Zunächst und ganz allgemein kann man sagen, daß der etwa hundert Jahre lang ungebrochene Fortschrittsglaube heute gebrochen ist. Der Mensch ist hart an seine Grenzen gestoßen. Viele anerkennen, daß wir nicht in allem unbekümmert so weitermachen können. Dabei werden die Zusammenhänge weltweit immer enger, die Auswirkungen des Geschehens und Tuns immer weiträumiger; der Mensch kann immer weniger ganz privat, individuell und isoliert sein Glück machen, wir alle hängen in vielem von anderen ab. Insofern ist der unbegrenzte Fortschrittsglaube gebrochen. Das „Fortschrittswägelchen hat Achsenbruch", so schrieb einer schon nach dem Ersten Weltkrieg.
Hinzu kommt, daß der Mensch wieder das Staunen gelernt hat, auch die Naturwissenschaft. Die Spitzenkräfte auch unter den Naturwissenschaftlern sind nicht hochmütig, sie sind zum Staunen fähig und willig. Heute haben wir mehr Grund zum Staunen als die Alten. Wir haben erkannt, daß das Kleine und das Große, das Schnelle und das Lebendige unser Vorstellungsvermögen, erst recht unser Können übersteigt. Die Computer könnten gar nicht leisten, was sie

leisten, wenn das Kleine nicht so klein und das Schnelle nicht so schnell wären; wir wissen nicht einmal, was das Kleinste ist. Teilen können wir das Kleinste nicht, denn das hat keine Teile. Ein Naturwissenschaftler sagte mir im Kreis seiner Fachkollegen: Wenn man aufschreiben wollte, was die bestimmenden Faktoren in einer befruchteten menschlichen Eizelle bewirken, dann brauchte man eine Million Schreibmaschinenseiten. Dies alles ist in dieser einzigen Zelle enthalten, und sie sei kaum größer als ein Punkt im Buch. Wir können das nicht machen, wir können es nicht einmal ausdenken. Wer hat es denn ausgedacht? Jeder Naturwissenschaftler kann aus seinem Bereich Beispiele für das Staunenswerte, für das übermenschlich Große oder Kleine, Schnelle oder Schwere anführen. Das ist nicht genug, jeder Mensch kann und soll staunen über den eigenen Erfahrungsbereich, z. B. wie die grüne Pflanze die andersfarbige Blüte hervorbringt und wie viele Formen und Farben von Blüten es gibt!

Staunen ist noch nicht religiöser Glaube; aber Staunen erleichtert den Glauben, mindestens an den allmächtigen und weisen Schöpfer. Von diesem zu Jesus Christus und einer überfließend reichen Erlösungsfrucht zunächst in der Verähnlichung mit dem leidenden und sterbenden Herrn – dies ist noch ein weiter Weg. Jedoch für Christus gibt es keinen Ersatz. Und auf die Frage, was es mit dem Menschsein auf sich hat: „Wozu sind wir?“ – gibt es angesichts des Sterbenmüssens nicht viele, im Grunde nur eine Antwort: der gestorbene, aber auferstandene Herr. Das Wort Gottes, der verkündigte Herr, ist nach dem Gleichnis vom Sämann wie der Same des Sämanns: Einiges fällt auf den Weg, anderes auf Stein und kann keine Wurzeln ziehen, wieder anderes unter die Dornen – „die Sorgen oder Reichtümer des Lebens“ – und geht ein. Einiges aber fällt auf guten Boden und bringt sechzig-, achtzig-, ja hundertfache Frucht. Und dies ist der Grund, daß der Sämann unermüdlich weiter sät. Dieser gute, unermüdliche Sämann ist der getreue Zeuge, welcher die frohe Botschaft von dem gestorbenen und auferstandenen Herrn, der uns alle nach sich ziehen will, getreulich, unverkürzt ausrichtet. Von diesem und von dieser gilt: „Ihr seid das Salz der Erde, ihr seid das Licht der Welt“, wie es am Anfang der Bergpredigt bei Matthäus heißt. Darum gilt nach wie vor und unverkürzt: „Euer Herz verzage nicht. Glaubt an Gott und glaubt an mich“ (Joh 14,1).

Maria, Mutter der Glaubenden

In dem Brief des Apostels Paulus an die Römer wird Abraham „der Vater" der Glaubenden genannt. Es heißt dort: „Er (Abraham) ist unser aller Vater vor Gott, dem er geglaubt hat, dem Gott, der die Toten lebendig macht und das, was nicht ist, ins Dasein ruft. Gegen alle Hoffnung hat er voll Hoffnung geglaubt, daß er der Vater vieler Völker werde" (Röm 4,17bf). Wenn Abraham alttestamentlich der Vater der Glaubenden genannt werden kann, dann ist Maria neutestamentlich die Mutter der Glaubenden. Maria hat eine bedeutsame Stelle in unserer Frömmigkeit. Sie hat diese, weil sie eine bedeutsame, ganz einmalige Stellung im Heilshandeln Gottes hat; nur sie ist die Mutter des Erlösers. Sie hat kein Amt. Es gibt im Reich Gottes, das mit Jesus Christus in der Welt ist, Funktion, Auftrag und Aufgabe ohne Amt; es gibt aber nicht Amt ohne Funktion, nicht ohne Auftrag. Worin besteht die Funktion, der Auftrag Marias, worin ist er grundgelegt?

So sehr das Leben Marias, soweit wir davon wissen, voll Überraschungen ist, so ist es innerlich doch einheitlich, es ist ein Leben aus dem Glauben. Grundgelegt ist dies schon bei der Verkündigung an Maria durch den Engel.

I

Die Botschaft des Engels ist ein Vorgang ohnegleichen. Einem ahnungslosen Mädchen erscheint ein Engel und sagt: „Sei gegrüßt, du Begnadete, der Herr ist mit dir... Du wirst ein Kind empfangen, einen Sohn wirst du gebären, dem sollst du den Namen Jesus geben. Er wird groß sein und Sohn des Höchsten genannt werden... Er wird über das Haus Jakob in Ewigkeit herrschen, und seine Herrschaft wird kein Ende haben... Der Heilige Geist wird über dich kommen und die Kraft des Höchsten wird dich überschatten" (Lk 1,28ff).

Es sind ungeheure Aussagen und Verheißungen, welche über das Mädchen wie Berge hereinstürzen. Dabei wird keinerlei nähere Beschreibung gegeben, wie das alles geschehen soll, wie es mit ihr weitergehen wird. Sie verlangt auch nichts derart, erbittet auch kein Zeichen in der Gegenwart für diese Zukunft. Kurz zuvor hatte Zacharias ein Zeichen erbeten, als ihm beim Tempeldienst ein Engel verkündete, er werde noch einen Sohn bekommen, trotz seines hohen Alters. Der Engel sagte zu Zacharias: Du kannst ein Zeichen haben: Du bist stumm, bis das Kind geboren ist. Bei Maria nichts dergleichen, keinerlei Beschreibung der Zukunft, auch kein Zeichen, sondern: „Ich bin die Magd des Herrn; mir geschehe, wie du es gesagt hast. Danach verließ sie der Engel" (Lk 1,38).

Dies ist der Ausdruck eines reinen, bedingungslosen Glaubens. Sie geht in eine völlig dunkle Zukunft hinein, aber in dem Vertrauen, daß der Herr mit ihr ist, wie der Engel gesagt hatte. Als erstes macht sie sich auf den Weg zu Elisabeth, von welcher der Engel ihr gesagt hatte, sie sei im sechsten Monat.

„Maria ging hinaus, in Zachariä Haus. Sie ging in aller Eil', bergauf, bergab, viel Meil', gen Hebron in die Stadt, auf Heil'gen Geistes Rat."
Elisabeth begrüßt sie: „Gesegnet bist du, mehr als alle anderen Frauen, und gesegnet ist die Frucht deines Leibes. Wer bin ich, daß die Mutter meines Herrn zu mir kommt?... Selig ist die, die geglaubt hat, daß sich erfüllt, was der Herr ihr sagen ließ" (Lk 1,42f, 45).
Hellsichtig und erleuchtet erkennt Elisabeth den Glauben Marias. Aus ihr, die sich von Elisabeth erkannt und verstanden weiß, bricht es nun aus wie aufgestaute Wasser:
„Meine Seele preist die Größe des Herrn, und mein Geist jubelt über Gott, meinen Retter. Denn auf die Niedrigkeit seiner Magd hat er geschaut; siehe von nun an preisen mich selig alle Geschlechter" (Lk 1,46–48).
Idyllisch ist das Magnificat nicht. Denn es heißt darin auch: „Er stürzt die Mächtigen vom Thron und erhöht die Niedrigen. Die Hungernden beschenkt er mit seinen Gaben und läßt die Reichen leer ausgehen" (Lk 1,52f). Als Elisabeth ihr Kind geboren und Zacharias auf das Täfelchen geschrieben hatte: „Johannes ist sein Name", konnte er wieder sprechen, und sein erstes ist der Lobpreis Gottes: „Gepriesen sei der Herr, der Gott Israels! Denn er hat sein Volk besucht und ihm Erlösung geschaffen; er hat uns einen starken Retter erweckt im Hause seines Knechtes David" (Lk 1,68f).
Danach kehrt Maria nach Nazaret zurück. Aber wie! Josef sieht, daß sie ein Kind erwartet, dessen Vater er aber nicht ist. Wir wollen an dieser Stelle ausdrücklich des heiligen Josef gedenken. Von ihm ist uns kein einziges Wort erhalten, aber die Schrift sagt von ihm, daß er „gerecht" war (Mt 1,19). Als solcher war er ein Hörender und Befolgender: Nimm sie zu dir; nimm das Kind und seine Mutter und

fliehe nach Ägypten; zieh wieder zurück. Wie er es hört, so tut er es auch. Aber in welcher Situation war er zunächst! Er traut der ihm Angetrauten etwas Schlechtes, Ehebruch nicht zu. Aber er sieht doch, sie erwartet ein Kind; gegen dieses Faktum ist doch nicht anzukommen. Kann, darf er sein Vertrauen in die Person noch aufrechterhalten? Im Matthäusevangelium heißt es: „Josef, ihr Mann, der gerecht war und sie nicht bloßstellen wollte, beschloß, sich in aller Stille von ihr zu trennen" (Mt 1,19). Er beschloß es, aber er tat es nicht gleich, er schob es vor sich her: Heute nicht. Welch ein Konflikt zwischen Vertrauen in eine Person und dem anschaulichen Faktum. Maria merkte das offenbar, aber von sich aus konnte sie so einen einmaligen Vorgang, die Botschaft des Engels, als Erklärung nicht vorbringen; ein Engel bringt Josef die befreiende Erklärung: „Während er (Josef) noch darüber nachdachte, erschien ihm ein Engel des Herrn im Traum und sagte: Josef, Sohn Davids, fürchte dich nicht, Maria als deine Frau zu dir zu nehmen; denn das Kind, das sie erwartet, ist vom Heiligen Geist. Sie wird einen Sohn gebären; ihm sollst du den Namen Jesus geben; denn er wird sein Volk von seinen Sünden erlösen... Als Josef erwachte, tat er, was der Engel des Herrn ihm befohlen hatte, und nahm seine Frau zu sich" (Mt 1,20f. 24).

II

Von uns aus würden wir nicht erwarten, daß Maria und Josef nach dem: „Siehe, ich bin die Magd des Herrn", in solche Ratlosigkeit gestürzt würden. Aber es ist an der Schwelle zum neuen Bund die Weise, wie Gott im neuen Bund mit den Menschen umgeht, nämlich radikaler als im alten Bund. Der alttestamentliche Fromme erwartete, in diesem Leben bestätigt zu werden, zu erleben, daß seine Feinde nicht über ihn triumphieren, viel eher er über seine Feinde. Das Buch Ijob ist als Ganzes ein Beispiel. So schlecht es Ijob auch geht, schließlich wird er wieder gesund, er wird reicher und hat mehr Kinder als vor seiner Prüfung. Seinen drei Freunden verschlägt es zunächst die Sprache. Dann reden sie alle drei in gleichem Sinn auf ihn ein: Ijob, du mußt etwas angestellt haben, sonst würde es dir nicht so schlecht ergehen; bekenne es, anders kann es dir nicht wieder gut gehen. Ijob bricht zwar in Zorn aus, auch in lautes Klagen vor Gott, aber eine Antwort weiß er auch nicht. Schließlich greift Gott, der Herr, selbst ein. Aber nicht Ijob wird am meisten getadelt, sondern die Freunde wegen ihrer falschen Argumentation: Dir geht es schlecht, also mußt du etwas Schlechtes getan haben. Die Rede Gottes schließt so: „Ihr habt nicht recht von mir geredet wie mein Knecht Ijob ... Bringt ein Brandopfer für euch dar. Mein Knecht Ijob aber soll Fürbitte für euch einlegen; nur auf ihn nehme ich Rücksicht, daß ich euch nichts Schlimmeres antue“ (Ijob 42,7f).

Neutestamentlich geht es entschieden radikaler zu. Das extreme Beispiel und der Grund für diesen Unterschied ist Christus selbst. Menschlich gesehen scheitert er; er stirbt, er wird sogar hingerichtet, offenbar bevor er eine große messianische Tat vollbracht hat. Darum will ihn Petrus so dringend von dem Weg nach Jerusalem, wo er, wie er mehrmals den Jüngern gesagt hatte, sterben werde, zurückhalten. Petrus will ihn zurückhalten, nicht nur, daß er nicht stirbt, sondern auch, daß er nicht stirbt, bevor er eine alle überzeugende messianische Tat vollbracht habe. Offenbar ahnte keiner von seinen Jüngern, daß der Kreuzestod die große messianische Tat sei. Sein Ende erscheint überhaupt nicht als Tat, sondern als ein einziges Erleiden.

Allein, so ist es nicht; der Kreuzestod Christi hat vielfache Bedeutung. Zweifellos ist sein Tod zunächst die Hinrichtung, von seinen Feinden unter den Juden von Pilatus ertrotzt. Als Josef von Arimathäa von Pilatus den Leichnam erbittet, damit er noch rasch vor Beginn des jüdischen Paschafestes begraben werde, kann der Hauptmann melden, daß die Hinrichtung vollzogen ist. Die Pharisäer bekamen auch noch ihren Willen; das Grab wurde versiegelt und eine römische Wache an das Grab gestellt. Die Menschen hatten das ihre getan, sie waren am Ende. Gott war nicht am Ende. Gott ist nie ratlos, Gott gerät nie in eine Sackgasse. Man kann den Eindruck haben, Gott beginne manchmal erst, wenn die Menschen am Ende sind. Wenn er in der Auferstehung den Tod überwindet, dann sind Siegel und Wache kein Hindernis mehr. Dies aber hat Voraussetzungen.

Denn sosehr Christus am Kreuz ohne Widerstand hinnahm, was die Menschen ihm antaten, am Kreuz war Christus nicht untätig, vielmehr gab er seinem Leiden und Sterben vielfachen Sinn. Zunächst ist Christus am Kreuz ein offenbarendes Bild der Sünde. Die Sünde führt zu nichts Gutem, schließlich führt die Sünde zum Tod, der selbst wieder Bild des Gnadentodes ist, der Todsünde. „Er hat den, der keine Sünde kannte, für uns zur Sünde gemacht, damit wir in ihr Gerechtigkeit Gottes würden" (2 Kor 5,21). Damit ist verschiedenes gesagt. Zunächst dies, daß Christus sein Leiden und Sterben auf sich nimmt, ohne sich zu wehren, in der Erfüllung des Willens des himmlischen Vaters. Seine Feinde spotteten: Anderen hat er geholfen, sich selbst kann er nicht helfen. Er konnte wohl, mit seinem bloßen Willen hätte er sie alle verscheuchen können. Es war vielleicht die größte Versuchung seines Lebens, sich gegen den Willen des himmlischen Vaters seiner Feinde zu erwehren. Hier ging es

um mehr als darum, sich aus Steinen Brot zu machen, wie in der Wüste. Er half sich nicht, weil es der Wille des sendenden Vaters war, daß er das menschliche Leben auf sich nehme, „in allem uns gleich, außer der Sünde", wie es im IV. Hochgebet heißt. Wir können uns auch nicht mit göttlicher Allmacht aus unseren Nöten befreien, darum tat er es auch nicht. Indem Jesus sich zum Bild der Sünde machen ließ, erfüllte er zugleich in allem den Willen des himmlischen Vaters und ist zugleich und in demselben ein Bild des unbedingten Gehorsams dem göttlichen Vater gegenüber.
Indem er „für uns" zur Sünde gemacht wurde, seinen Leib für uns dahingegeben, sein Blut für uns vergossen hat und hingibt, wie es in den Einsetzungsberichten bei dem letzten Abendmahl heißt, ist Christi Leiden und Sterben der Erweis einer zum Äußersten bereiten Liebe des Vaters und des Sohnes zu uns, zu allen Menschen. „Gott hat die Welt so sehr geliebt, daß er seinen einzigen Sohn hingab, damit jeder, der an ihn glaubt, nicht zugrunde geht, sondern das ewige Leben hat" (Joh 3,16).
Indem Christus am Kreuz unsere Sünden auf sich nahm, den Willen des sendenden Vaters erfüllte, des Vaters und seine Liebe zu uns erwies, hat er noch weiteres getan; er hat in all dem seinem Leiden und Sterben einen unaufhebbaren Sinn aufgezwungen und dadurch sein Leiden und Sterben umqualifiziert. Was als sein endgültiger Untergang gedacht war, hat er zum Grund seiner Erhöhung und Verherrlichung in Ewigkeit gemacht: „Darum hat ihn Gott über alle erhöht und ihm den Namen verliehen, der größer ist als alle Namen, damit alle im Himmel, auf der Erde und unter der Erde ihr Knie beugen vor dem Namen Jesu und jeder Mund bekennt: Jesus Christus ist der Herr – zur Ehre Gottes, des Vaters" (Phil 2,9–11).

Die Erlösungsfrucht ist aber Gleichgestaltung mit Christus, womit auch dem Christen die Macht der Umqualifizierung gegeben ist. In dem inneren Glaubensanschluß an Christus werden Leiden und Sterben aus dem disqualifizierenden Zusammenhang mit der Sünde herausgenommen und in den qualifizierenden Zusammenhang mit Christus hineingenommen. Wenn auch in Friede, Freude, Freiheit, Hoffnung, Trost gegenwärtige Formen der Erlösungsfrucht gegeben sind, so ist doch diese weitgehend verborgen, in das Innere verlagert. Die bohrende Frage, wo sich denn Gottes gütige Allmacht und allmächtige Güte erweise, findet hier ihre Antwort, in der Macht zur Umqualifizierung des Ereignishaften. Wir können dieses Ereignishafte nicht abweisen, aber wir können ihm einen Sinn aufzwingen, der in Ewigkeit Gültigkeit hat.

III

Von daher müssen wir das Leben Marias deuten. Ihr wird kein Programm, kein Lebensplan vorgelegt, sie wird von einer Überraschung in die andere gestürzt. Nachdem sie ihre und Josefs Ratlosigkeit ausgestanden hat, muß sie zur Geburt nach Bethlehem reisen. Das Kind wird in einem Stall geboren und in eine Futterkrippe gelegt. Wir machen zwar schöne Weihnachtskrippen; aber für die Betroffenen war das kein Idyll. Es kommen die Hirten mit ihren zwar schönen, aber doch rätselhaften Aussagen wegen der großen Bedeutung, welche der Geburt dieses, ihres Kindes zugeschrieben wird. Aber dann, nach den Weisen, heißt es, über Nacht nach Ägypten fliehen. Danach zurück nach Nazaret, wo Josef als Handwerker das Brot für seine Familie verdient. Über das verborgene Leben Jesu in Nazaret berichtet die Schrift uns nichts. Sicher war es nicht so, daß der heranwachsende Jesus in seidenem Gewand auf einem Stoß Bretter saß und Engel hätten gesägt, was zu sägen war. Dies ist ein Trug. Denn Jesus hat unser Leben, außer der Sünde, auf sich genommen; uns sägen die Engel auch nicht, was zu sägen ist. Vermutlich hat Jesus nach Josefs Tod bis zu seinem öffentlichen Auftreten die Schreinerwerkstatt als Handwerker weitergeführt.

In diese Zeit des Lebens in Nazaret fällt auch „der zwölfjährige Jesus im Tempel". Der Knabe ist nicht bei der nach Nazaret zurückkehrenden Pilgergruppe. Die Eltern kehren nach Jerusalem zurück und finden ihn nach drei Tagen im Tempel. Die Mutter sagt: „Kind, wie konntest du uns das antun? Dein Vater und ich haben dich voll Angst gesucht." Da sagte er zu ihnen: „Warum habt ihr mich gesucht? Wußtet ihr nicht, daß ich in dem sein muß, was meinem Vater gehört? Doch sie verstanden nicht, was er damit sagen wollte" (Lk 2,48–50). Wir können sehr wohl begreifen, daß die Eltern das nicht verstehen; wir verstehen es auch nicht. Wozu dieser Kummer? Maria urteilt aber nicht, es heißt vielmehr von ihr: „Seine Mutter bewahrte alles, was geschehen war, in ihrem Herzen" (Lk 2,51). Die Worte des greisen Simeon bei der Darstellung Jesu im Tempel: „Dir selbst aber wird ein Schwert durch die Seele dringen" (Lk 2,35), wird Maria wohl kaum vergessen haben.

Zur Zeit des öffentlichen Auftretens Jesu hören wir von Maria sehr wenig. Auf der Hochzeit in Kana ist sie mit den Jüngern, erstaunlich, weil wir sie sonst nicht zusammen mit den Jüngern sehen, erst bei der Herabkunft des Heiligen Geistes. Auf ihren Hinweis, daß den Hochzeitsleuten der Wein ausgeht, erhält sie die merkwürdige Antwort: „Was willst du von mir, Frau? Meine Stunde ist noch nicht gekommen" (Joh 2,4). Sie scheint das aber nicht als Abweisung verstanden zu haben; denn sie sagt den Dienern: Wenn er euch etwas sagt, dann tut es. Er sagt auch etwas; er verwandelt das Wasser in Wein. Johannes nennt dies das „erste Zeichen" Jesu. Bei Markus heißt es einmal, daß seine Angehörigen ihn mit Gewalt zurückholen wollten. „Denn sie sagten: Er ist von Sinnen" (Mk 3,21). Hier ist von Maria allerdings nicht die Rede.

Wir finden sie erst wieder ganz nahe bei Christus unter dem Kreuz. Vom Kreuz herab wird sie auch angesprochen: „Siehe, dein Sohn; siehe, deine Mutter." Welch ein Gefälle von dem Magnificat zu Maria unter dem Kreuz. „Christi Mutter stand mit Schmerzen bei dem Kreuz und weint von Herzen, als ihr lieber Sohn da hing." Dies Lied hat vielleicht schon mehr getröstet als alle Trostworte der Menschen. Wir haben keinerlei Anzeichen dafür, daß Maria wußte, daß und wie es mit ihm weitergehen werde. „O Maria, voll der Schmerzen, voll der Trübsal, Angst und Not." Von Fall zu Fall, von Überraschung zu Überraschung mußte ihr Glaube noch wachsen. Es gibt Situationen, in welchen der Glaube wachsen muß, oder er geht unter. Von außen her konnte man sagen: Das hat sie davon: „Siehe, ich bin die Magd des Herrn", bis unter das Kreuz, an dem ihr Sohn als Verurteilter starb. Maria durchlitt dies alles wie ein Schwert durch ihr Herz; aber offenbar urteilte sie jetzt nicht, nicht über Gott, nicht über ihren Sohn. Es kann die Höchstleistung, eine Höchstform des Glaubens sein, in schwierigen Situationen nicht über Gott zu urteilen, nicht, nichts zu sehen und doch zu glauben. Ewig braucht der Mensch das ja auch nicht durchzuhalten; in der Zeit sind sowohl Schöpfung wie Erlösung noch nicht in ihrem Endstand, in welchem es keinen Tod und keine Versuchung mehr gibt. In der Zeit gibt uns das Wissen um die Erlösung als qualifizierende Gleichgestaltung mit Christus, um die vielfältige Bedeutung des Kreuzestodes die Kraft, die zeitliche Gestalt der Erlösung in Dankbarkeit anzuerkennen. „Christus will ich erkennen und die Macht seiner Auferstehung und die Gemeinschaft mit seinem Leiden; sein Tod soll mich prägen. So hoffe ich, auch zur Auferstehung von den Toten zu gelangen" (Phil 3,10f). Am Ostermorgen finden wir Maria nicht am Grab, bei der Herabkunft des Heiligen Geistes ist sie, offenbar mit Selbstverständlichkeit, dabei. Danach hören wir in der Schrift nichts mehr von Maria. Nach außerbiblischen Quellen ist sie vor der Zerstörung Jerusalems von dort mit Johannes nach Ephesus gezogen.

IV

Von einer besonderen Marienverehrung hören wir zunächst kaum etwas. Nachdem aber die ersten Konzilien die wesenseine Göttlichkeit des Sohnes eindeutig geklärt und das Konzil von Ephesus 431 Maria „Gottesgebärerin" genannt hatte, setzte die Marienverehrung bald in breiterem Strom ein. Denn eine Gleichstellung mit Christus und eine Konkurrenz mit Christus war jetzt ausgeschlossen. Gewiß hatte das Konzil nicht um der Marienverehrung willen definiert, sie sei Gottesgebärerin, sondern um des Christusglaubens willen, daß sein Personsein das einer göttlichen Person sei, und nur dieser. Damit war die Bahn frei zu einer ausdrücklichen Marienverehrung. Diese hat im Laufe der Kirchengeschichte auch zu weiteren Dogmen über Maria geführt: ohne Erbsünde empfangen und dem Leib nach in den Himmel aufgenommen. Nun hat Papst Johannes Paul II. dieses Jahr zu einem marianischen Jahr erklärt. Unsere Aufgabe ist es, dieses Jahr zu einem solchen zu machen. „Sie haben keinen Wein mehr", und: „Siehe deinen Sohn, siehe deine Mutter" (vgl. Joh 19,26f) – das sind uns die Grundlagen unseres Vertrauens in ihre Fürbitte, und wir nehmen uns ihr Wort zu Herzen: „Was er euch sagt, das tut" (Joh 2,5).

In der Gegenwart ist zur Marienverehrung noch ein besonderer Gesichtspunkt hinzugetreten, deutlicher und allgemeiner, als es früher der Fall war. Dies ist die Stellung Marias in der Kirche. Verdeutlicht wird dies dadurch, daß die Konstitution des Zweiten Vatikanischen Konzils „Über die Kirche" in dem letzten, dem 8. Kapitel, auf über zehn Seiten ausdrücklich von Maria spricht: „Die selige, jungfräuliche Gottesmutter Maria im Geheimnis Christi und der Kirche". Man war sich einig, daß das Konzil etwas über Maria sagen solle; im Plenum wurde nur darüber debattiert, ob es eine selbständige Äußerung sein solle oder in Verbindung mit einem anderen Text, mit der Konstitution über die Kirche. Durch Abstimmung entschied man sich für das Letztere. So entstand das letzte Kapitel der Konstitution über die Kirche.

Dieses Kapitel hat fünf Abschnitte, z. B.: „Die Aufgabe der seligen Jungfrau in der Heilsökonomie". Darin heißt es: „Der Vater der Erbarmungen wollte aber, daß vor der Menschwerdung die vorbestimmte Mutter ihr empfangenes Ja sagte, damit auf diese Weise, so wie eine Frau zum Tode beigetragen hat, auch eine Frau zum Leben beitrüge. Das gilt in erhabenster Weise von der Mutter Jesu, die das Leben selbst, das alles erneuert, der Welt geboren hat, und von Gott mit den einer solchen Aufgabe entsprechenden Gaben beschenkt worden ist" (Art. 56).

Der dritte Abschnitt ist überschrieben: „Die selige Jungfrau und die Kirche". Eingangs wird betont, daß jegliche

Bedeutung, Aufgabe und Wirksamkeit Marias keinesfalls die einzigartige Stellung und Bedeutung Christi beeinträchtige, sie zeige vielmehr ihre Wirkkraft. Denn jegliche Bedeutung Marias kommt ausschließlich von Christus her, sie ist daher nicht eigenständig, sie hat ihre eigene Bedeutung; aber diese kommt von Christus her, sie weist darum auch auf Christus hin. Da die Erlösung in der Weise der Menschwerdung des ewigen Gottessohnes geschehen soll, ist auch seine Mutter im göttlichen Erlösungsplan und -willen vorgesehen und gewollt. Da sie in Glaube, Hoffnung und Liebe sich vorbehaltlos an den Willen Gottes hingegeben hat, ist sie uns „in der Ordnung der Gnade Mutter". Sie ist heute und immer unsere Fürsprecherin und Mittlerin der Gnade. Da nun Maria die Mutter Jesu Christi ist, in einzigartiger Weise gnadenhaft mit seinem Wirken verbunden, ist sie auch mit der Kirche auf das innigste verbunden. Die Gottesmutter ist... „der Typus der Kirche unter der Rücksicht des Glaubens, der Liebe und der vollkommenen Einheit mit Christus. Im Geheimnis der Kirche, die ja auch mit Recht Mutter und Jungfrau genannt wird, ist die selige Jungfrau Maria vorangegangen, da sie in hervorragender und einzigartiger Weise das Urbild sowohl der Jungfrau wie der Mutter darstellt" (Art. 63). Im Konzil hatte Papst Paul VI. der zuständigen Kommission zur Erwägung gegeben, ob das Konzil nicht „Maria die Mutter der Kirche" nennen könne und solle. Die Kommission machte sich diesen Vorschlag nicht zu eigen, weil Mutter bestimmt ist durch das Mutter-Kind-Verhältnis, wobei die Mutter immer früher ist als das Kind und nicht mit diesem identisch ist; Maria aber steht keinesfalls außerhalb der Kirche, sie steht eindeutig in der Kirche. Der Papst gebrauchte diesen Titel für Maria jedoch in einer

Predigt. Der Titel wurde auch als berechtigt und zutreffend erkannt, nicht als ob Maria außerhalb der Kirche stände, wohl aber, daß sie in ihrem ungeschmälerten Glaubensgehorsam die reinste Darstellung der Kirche inmitten der Kirche ist, ihr Prototyp, und insofern auch Mutter der Kirche genannt werden kann und ist.

Der vierte Abschnitt ist überschrieben: „Die Verehrung der seligen Jungfrau in der Kirche". Gleich zu Anfang heißt es: „Maria wird, durch Gottes Gnade nach Christus, aber vor allen Menschen erhöht, mit Recht, da sie ja die heilige Mutter Gottes ist und in die Mysterien Christi einbezogen war, von der Kirche in einem Kult eigener Art geehrt. Schon seit ältester Zeit wird die selige Jungfrau unter dem Titel Gottesgebärerin verehrt." Es würde ja dem biblischen Befund durchaus nicht genügen, wollte man das „Gottesgebärerin" nur als rein biologische Funktion auffassen: Sie soll das Kind zur Welt bringen, und damit Schluß. Es ist nicht Schluß. Wie intensiv und wie lange muß sich eine Mutter ihrem neugeborenen Kind zuwenden. Nach dem Zeugnis der Schrift ist aber Maria auch in die Überraschungen und Geheimnisse des öffentlichen Lebens Christi hineingezogen, von der Hochzeit zu Kana bis zum Kreuz; aber auch in die Herabkunft des Heiligen Geistes ist sie einbezogen.

Im weiteren Text wird dann betont, daß die Verehrung der Gottesmutter einzigartig ist, sich aber wesentlich unterscheidet von der Anbetung von Gott, dem Vater, dem Sohn und dem Heiligen Geist. Dann werden die Theologen und die Prediger „eindringlich" ermahnt, „sich ebenso jeder falschen Übertreibung wie zu großer Geistesenge bei der Betrachtung der einzigartigen Würde der Gottesmutter sorgfältig zu enthalten" (Art. 66 u. 67). Der Schlußabschnitt spricht dann noch kurz von „Maria als sicheres Zeichen der Hoffnung und des Trostes für das wandernde Gottesvolk".

Dieser vom Konzil als gewichtig gedachte Text hat offenbar nicht zu einer Steigerung der Marienverehrung in der Breite geführt. Zwar blüht in einzelnen Gruppen oder Bewegungen die Marienfrömmigkeit; aber in der Breite ist sie eher zurückgegangen. Das mag auch damit zusammenhängen, daß das Beten der Gemeinden sehr zurückgegangen ist. Die Andachten sind, wenn sie überhaupt gehalten werden – manche fallen auch wegen der Abendmessen aus –, äußerst spärlich besucht. Das ist bedenklich; denn der Christ kann nicht allein von den Sakramenten leben, auch nicht allein vom Wort Gottes, der Christ muß auch ein Beter sein. Die erste Ämterteilung, die zur Ernennung von Diakonen führte, haben die Apostel so begründet: „Wir aber wollen beim Gebet und beim Dienst am Wort bleiben" (Apg 6,4).

Mit der Marienverehrung hat es dabei noch seine eigene Bewandtnis. Maria ist als Mutter so eng mit Jesus Christus und seiner Tätigkeit verbunden wie kein anderer Mensch. Da sich die rechte Christusverehrung, die Anbetung, auch auf seine Menschheit bezieht, auf Grund der einen, der göttlichen Person, ist die Christusverehrung eigentlich unvollständig, wenn nicht auch seine Mutter in entsprechender Weise einbezogen wird. Die Marienverehrung um Gottes oder um Christi willen klein halten wollen, dies ist die Enge, vor welcher das Konzil ebenso wie vor Übertreibungen warnt. „Selig die Frau, deren Leib dich getragen hat" (Lk 11,27), ruft eine Frau aus der Menge Jesus zu. Etwas von der Spontaneität dieser Frau können wir uns zu eigen machen; denn die Marienfrömmigkeit ist kein Hemmnis vor Christus, das ganze Leben Marias ist ein Hinweis auf Christus. Ohne Bedenken können wir mithelfen, daß wahr wird das Wort im Magnificat: „Siehe, von nun an preisen mich selig alle Geschlechter."

Tut dies zu meinem Gedächtnis

Wenige Stunden vor Karfreitag feiern wir einen Gottesdienst in weißen Gewändern. Es ist die Danksagung für das Abendmahlshandeln Christi unmittelbar vor seinem Leiden. Es war dies bei den Juden ein einmaliges Mahl im ganzen Jahr, nämlich die Erinnerung an das Paschalamm bei dem Auszug aus Ägypten, ein feierliches Mahl mit festgelegtem Ritus und bestimmten Gebeten. Unser Paschalamm ist Christus: „Christus ist unser Osterlamm, geschlachtet an dem Kreuzesstamm", wie wir singen. Allen, die zu diesem Gottesdienst gekommen sind, danke ich.

Wenn jede heilige Messe Danksagung ist für das Abendmahlshandeln Christi, für die Einsetzung des Altarsakramentes – „Lasset uns danken dem Herrn, unserem Gott" –, dann danken wir heute abend für die sakramentale Danksagung, die uns in der heiligen Messe gegeben ist. Diese Danksagung ist sakramental, und zwar nicht nur, weil hierbei Brot und Wein verwandelt werden, sondern auch, weil das eine Kreuzesopfer Christi hierbei gegenwärtig wird. Darum hat dieser Gottesdienst wie jede Meßfeier seinen vollen Ernst, weil der Tod Christi einbezogen ist. „Deinen Tod, o Herr, verkünden wir, und deine Auferstehung preisen wir, bis du kommst in Herrlichkeit." – „Dieser Kelch ist der neue Bund in meinem Blut, das für euch vergossen wird" (Lk 22,20); auch wenn der Herr gleich am Ölberg flehentlich bittet: „Vater, wenn du willst, nimm diesen Kelch von mir" (Lk 22,42), gibt es jetzt kein Zurück mehr. – Bevor der Herr sagte: „Nehmet und esset, das ist mein Leib", war Judas deutlich hinausgewiesen worden. „Was du tun willst, das tue bald." Das soll uns zu denken geben. Wir sammeln uns, prüfen uns, wie Paulus uns mahnt, ob wir zur heiligen Kommunion gehen können und bitten Gott im Schuldbekenntnis um sein Erbarmen.

I

An seinem letzten Tag steigern sich die Inhalte des Lebens Jesu mit unerhörter Wucht. Es ist der letzte Tag. In nicht einmal vierundzwanzig Stunden ist Christus längst am Kreuz gestorben, vom Kreuz abgenommen und begraben. Denn es war verpflichtender Brauch bei den Juden, daß bei dem Aufgehen des Abendsterns vor dem Paschafest keine Leiche mehr über der Erde sein durfte. Diese letzten Stunden im Leben Jesu sind aber nicht nur das Ende, sie sind auch die Ernte seines Lebens. Die Schulung, die Unterweisung der Jünger von der Taufe im Jordan an gehörte dazu, daß sie ohne Widerspruch, daß sie glaubend annahmen, anerkannten: Nehmet und esset alle davon, das ist mein Leib; trinket alle daraus, das ist mein Blut. Als Jesus zum ersten Mal davon gesprochen, dieses Sakrament verheißen hatte, indem er sagte: „Das Brot, das ich geben werde, ist mein Fleisch für das Leben der Welt", da stritten sich die Juden und sagten: „Wie kann er uns sein Fleisch zu essen geben?" (Joh 6,51 f). Aber Jesus schwächt diese Aussage und Verheißung nicht ab, er wiederholt und bekräftigt sie mehrfach. „Wenn ihr das Fleisch des Menschensohns nicht eßt und sein Blut nicht trinkt, habt ihr das Leben nicht in euch"... „Daraufhin zogen sich viele Jünger zurück und wanderten nicht mehr mit ihm umher" (vgl. Joh 6,53 ff). Ohne seine Aussage abzuschwächen, fragt Jesus auch die Apostel:

„Wollt auch ihr weggehen?" Sie gehen nicht weg, vielmehr antwortet Petrus: „Herr, zu wem sollen wir gehen? Du hast Worte des ewigen Lebens." Noch davor sagt Jesus, daß einer von den Bleibenden ihn verraten werde (V. 64). Beim letzten Abendmahl geht es nicht mehr um den Glauben; nachdem Judas gegangen war, glauben alle Bleibenden. Dies war die Frucht seiner Schulung der Jünger in der ganzen Zeit seiner öffentlichen Tätigkeit.
Jesus sagt zu Anfang seines letzten Mahles: „Ich habe mich sehr danach gesehnt, vor meinem Leiden dies Paschamahl mit euch zu essen" (Lk 22,15). Denn auf das, was Christus beim letzten Abendmahl tut, daraufhin tendiert und zielt die Erlösungstat am Kreuz, ja die ganze Menschwerdung. Denn dieses heilige, das heiligste Sakrament, ist eine der höchsten Früchte, der überfließend reichen Früchte der Erlösung. Erlösung ist als ganze und diese von Gott geplant und im Alten Testament verheißen. Darum gilt auch von dem Leiden und Sterben Jesu, daß sein ganzes Leben und seine Tätigkeit darauf zusteuert. Schon in dem Gespräch mit Nikodemus, von welchem im Johannesevangelium im 3. Kapitel berichtet wird, sagt Jesus zu Nikodemus: „Wie Mose die Schlange in der Wüste erhöht hat, so muß der Menschensohn erhöht werden, damit jeder, der an ihn glaubt, in ihm das ewige Leben hat" (Joh 3,14). Der Hebräerbrief läßt Jesus „bei seinem Eintritt in die Welt" sagen: „Schlacht- und Speiseopfer hast du nicht gefordert, doch einen Leib hast du mir geschaffen... Da sagte ich: Ja, ich komme" (Hebr 10,5.7). Im folgenden spricht dann der Hebräerbrief von der „Opfergabe des Leibes Jesu Christi" (V. 10). Daß die Jünger da nicht in ein endgültiges Fehlurteil verfielen, wie die Feinde Jesu: Er ist nicht der Messias, er ist nicht der Sohn Gottes, dies erforderte all das, was sie von

Christus gehört und bei ihm erlebt hatten. Bis zur völligen Ratlosigkeit, ja bis zur Hoffnungslosigkeit waren sie gekommen. „Wir hatten gehofft, daß er der sei, der Israel erlösen werde“ (Lk 24,21). Wir hören ja, wie sie von der Gefangennahme an zerstreut werden; nur Johannes steht mit Maria unter dem Kreuz. In den letzten vierundzwanzig Stunden türmen sich die Inhalte des Lebens Jesu unerhört steil auf, sowohl im Tun wie im Erleiden; wie Dolomitenberge ragen diese Inhalte hoch auf. Denn niemand hätte von sich aus an ein Sakrament des Leibes und des Blutes Christi gedacht, daß Christus von seinen Feinden dem Kreuzestod preisgegeben werde, und daß er, der Tote zum Leben erweckt hat, sich nicht wehren werde.

II

Das Altarsakrament, das Jesus beim letzten Abendmahl eingesetzt hat, ist das höchste und heiligste der Sakramente. Die sieben Sakramente zählen wir in einer Reihe auf, was bleibt uns anderes übrig. Aber sie sind eigentlich keine Reihe, sie sind eher ein Gefüge, sie bilden eine Einheit und Ganzheit. Sie decken in gewissem Sinn das ganze menschliche, christliche Leben ab; kein Sakrament kann mit einem anderen getauscht werden. Die Taufe befreit von der Erbsünde, sie gliedert in die Kirche ein und verleiht die Gnade der Kindschaft. Die Firmung ist anders als die Taufe; die Firmung ist nicht nur Sündenvergebung, sie ist vielmehr in einer Parallele zur Taufe Jesu im Jordan am Anfang seiner Tätigkeit Sendung zum Zeugnis. Jeder Christ hat eine Sendung zum Zeugnis, und zwar in die Kirche hinein und in die Welt hinaus. Auch in die Kirche hinein. Der Christ ist nicht in der Vereinzelung gedacht; die Apostel sind gleich zwölf, und das wird so ernst genommen, daß für den ausgeschiedenen Judas Iskariot ein anderer gewählt wird; aber er muß von Anfang an dabei gewesen sein. Es ist der Apostel Matthias. Wir – unsere Gläubigkeit – leben auch von dem Glaubenszeugnis, das wir einander geben. Jeder, der zum Gottesdienst kommt, gibt ein Zeugnis; sein Nachbar in der Bank sieht, dieser oder diese kommt auch zum Gottesdienst.

Die Buße oder Beichte ist das Sakrament der Heilung oder der Erweckung vom Sündentod in der Todsünde. Jede Sünde, die wahrhaft vor Gottes Angesicht bereut ist, kann in der Beichte vergeben werden. Die Krankensalbung ist das Sakrament einer gnadenhaften Verähnlichung mit dem leidenden und sterbenden Jesus, wodurch dem Leiden und Sterben ein gnadenhafter, heiligender Sinn aufgezwungen wird. – Priesterweihe und Ehe sind standbildende Sakramente. Es gibt unter den Gläubigen den Priesterstand. „Sind etwa alle Apostel, alle Propheten, alle Lehrer?" (1 Kor 12,29). Dabei ist das Priestertum ein Dienstamt im striktesten Sinn des Wortes; seine Vollmachten und Aufträge dienen anderen, nicht ihm. Der Priester kann sich nicht selbst seine Sünden vergeben; dazu muß er zu einem anderen Priester gehen, wie jeder andere auch. Die Ehe als Sakrament macht die Ehe zu einem sakramentalen Heilsstand; das eine Eheband zwischen Mann und Frau wird geheiligt und wird damit heiligend für Mann und Frau in einer Verähnlichung zu dem Zusammenhang von Christus und der Kirche.

Unter allen Sakramenten ist das Altarsakrament einzigartig; es ist wie kein anderes als Speise und Trank auf Wiederholung angelegt. Denn nach den Worten des Herrn gibt es für das Gnadenleben eine erhaltende, sogar notwendige

Speise. Aber diese Speise ist nicht etwas, ist nicht Brot und Wein; diese Speise ist vielmehr nach den eindeutigen Worten er, der Herr selbst. „Wenn ihr das Fleisch des Menschensohnes nicht eßt und sein Blut nicht trinkt, habt ihr das Leben nicht in euch... Denn mein Fleisch ist wirklich eine Speise und mein Blut ist wirklich ein Trank" (Joh 6,53.55). Fleisch und Blut Christi gibt es nicht ohne den verherrlichten Christus selbst. Um jeden Zweifel auszuschließen, heißt es im gleichen Zusammenhang: „Wie mich der lebendige Vater gesandt hat und ich durch den Vater lebe, so wird jeder, der mich ißt, durch mich leben" (Joh 6,37). Das hier Verheißene wird beim letzten Abendmahl wirklich mit dem Auftrag und der Vollmacht an die Apostel, dieses sakramentale Geschehen in der Kirche gegenwärtig zu halten. Dieser Auftrag und diese Vollmacht gilt auch den Nachfolgern der Apostel, dieses ist der für uns wesentliche und notwendige Gottesdienst. Gewiß gilt von der heiligmachenden Gnade immer: Christus in uns, wir in Christus; aber dieses Sakrament ist eindeutig der Höhepunkt aller Heiligung, und damit ist dieses Sakrament der Gipfel in der Pyramide der Sakramente, und das heiligste Sakrament.

III

In gewissem Sinn kennen wir dieses Sakrament in drei Formen, als heilige Messe, als heilige Kommunion, und die bleibende Gegenwart Christi im Tabernakel. Daher der häufige Name Altarsakrament, weil der Tabernakel vielfach auf dem Altar stand. Die bleibende Gegenwart Christi in diesem Sakrament ermöglicht den sakramentalen Segen, die Fronleichnamsprozession; sie macht aber auch unsere Kirchen in wörtlichem Sinn zum Haus Gottes, sie ermöglicht den Gang in die Kirche zur Anbetung Christi im Sakrament.

Die heilige Kommunion ist ein wesentlicher Teil der heiligen Messe: Gabenbereitung, Wandlung und Kommunion. Alle konsekrierten Hostien werden heilige Kommunion; auch die Hostie in der Monstranz wird von Zeit zu Zeit erneuert. Sie wird dann geteilt und wird heilige Kommunion. Bei dieser engen Zusammengehörigkeit von Wandlung und Kommunion muß man zwei Mißverständnisse vermeiden. Das eine Mißverständnis wäre, die Messe diene nur der Bereitung der heiligen Kommunion; das andere bestände darin, ohne die heilige Kommunion zu empfangen, hätte der Meßbesuch keinen eigenen Sinn.

Es wäre ein Mißverständnis zu meinen, die heilige Messe diene nur der Bereitung der heiligen Kommunion; dann könnte man in einem großen Ziborium viele Hostien konsekrieren und brauchte nur noch die heilige Kommunion auszuteilen. Die heilige Messe dient aber nicht nur der Bereitung der heiligen Kommunion, sie ist vielmehr auch die sakramentale Vergegenwärtigung des einen Kreuzesopfers Christi: „Deinen Tod, o Herr, verkünden wir, und deine Auferstehung preisen wir, bis du kommst in Herrlichkeit", so sprechen oder singen wir nach der Wandlung, und dies zum Zeichen dessen, daß wir Tod und Auferstehung Christi nicht nur mit Worten verkünden, sondern auch und stärker in der Messe als Abendmahlshandeln Christi vergegenwärtigen. Das bedeutet aber, daß die Teilnahme am Gottesdienst, an der Messe hier schon einen Schwerpunkt hat. Denn in der Teilnahme an der Messe soll jeder selbst eingehen *in*, eins werden *mit* dem Todesgehorsam Christi, in welchem er sich völlig verausgabt, sein Leben für uns dahingegeben, sein Leben und damit auch sich selbst in die sen-

denden Hände des Vaters zurückgegeben hat. „Vater, in deine Hände empfehle ich meinen Geist." Teilnahme an der Messe, wie sie uns aufgegeben ist, ist also mit der bloßen Anwesenheit noch nicht gegeben, wir müssen vielmehr die Ganzhingabe Christi mitvollziehen, wie sie in seinem Todesgehorsam gegeben ist. Ganz, Ganzheit ist ein Hauptwort des christlichen Lebens, weil „ganz" im Hauptgebot beherrschend ist: Gott lieben aus ganzem Herzen, aus ganzer Seele, aus ganzem Gemüt, und wenn es sonst noch etwas gibt, womit man lieben kann, „aus allen unseren Kräften". Ohne diese Ganzheit wird man nicht in die Seligkeit Gottes eingehen können. „Zwiespältige Menschen sind mir von Grund auf verhaßt", heißt es in einem Psalm (119, 113). Die rechte Teilnahme an der Messe ist eine ständige Einübung in die Ganzheit, ist ihr konkreter Vollzug. Dies hat seinen eigenen Sinn in sich selbst, nicht nur als die rechte Vorbereitung auf die heilige Kommunion. Papst Pius X., der auch auf frühzeitige als rechtzeitige Kommunion drängte, soll gesagt haben: Man soll nicht nur in der Messe beten, man soll die Messe beten. Dies schließt aber das Eingehen in den Todesgehorsam Christi ein. Darum sammeln wir uns zu Beginn und beten das Schuldbekenntnis oder ähnlich.
Das Kreuzesopfer hat Christus das Leben gekostet als konkrete Form der Ganzheit; uns kostet die Messe eine Stunde oder noch viel weniger. An die Stelle des Todes tritt die Ganzheit. „Keiner von uns lebt sich selbst, keiner stirbt sich selbst: Leben wir, so leben wir dem Herrn, sterben wir, so sterben wir dem Herrn. Ob wir leben oder sterben, wir gehören dem Herrn" (Röm 14,7f). Wir machen diese Stelle zum Gebet: ‚Jesus, dir leb' ich, Jesus, dir sterb' ich, Jesus, dein bin ich, tot oder lebendig.' Wir sind in unserer Kindheit gelehrt worden, dies jedesmal als erstes zu beten, wenn

man in die Kirche hineinkommt. Das war und es ist auch heute nicht schlecht, denn darum geht es: Dein bin ich. Die rechte Teilnahme an der Messe kostet uns nicht das Leben, aber mit unserem Tod hat die rechte Teilnahme doch etwas zu tun. Bleiben wir nämlich in der Gesinnung der Ganzheit, in welcher wir an der Messe teilnehmen sollen, bis zu unserem Tod, dann ist unser Tod durch die Teilnahme an der heutigen Messe vorausqualifiziert. Dann wird unser Tod, auch wenn wir im Sterben gar nichts mehr denken können, auch zur Vollendung der Teilnahme an der heutigen Messe. Dadurch wird das Leben und Sterben eine Einheit; der Tod wird gezwungen, uns das Tor zum ewigen Leben aufzustoßen. „Tod, wo ist dein Sieg!"

IV

Als zweites wollten wir bedenken, daß die heilige Kommunion, wie Gabenbereitung und Wandlung, zur Ganzheit der Messe als Abendmahlsfeier gehört. Dies bedeutet aber nicht, daß jeder, der zur Messe geht, auch zur heiligen Kommunion geht, oder daß man nur zur Messe geht, wenn man auch zur heiligen Kommunion geht. Die Messe hat Inhalt und Sinn nicht erst durch die heilige Kommunion. Aber die Schrift selbst macht uns eindringlich darauf aufmerksam, daß das zur Kommuniongehen des einzelnen der Selbstprüfung des einzelnen bedarf. Im 1. Korintherbrief steht ein Abendmahlsbericht, den Paulus als ihm überliefert uns weitergibt; er war ja nicht selbst beim letzten Abendmahl dabei. Nach diesem Bericht sagt er: „Sooft ihr von diesem Brot eßt und aus dem Kelch des Herrn trinkt, verkündet ihr den Tod des Herrn, bis er kommt. Wer aber unwürdig von dem Brot ißt und aus dem Kelch des Herrn trinkt, der macht sich schuldig am Leib und Blut des Herrn. Jeder soll sich selbst prüfen; erst dann soll er von dem Brot essen und aus dem Kelch trinken. Denn wer davon ißt und trinkt, ohne zu bedenken, daß es der Leib des Herrn ist, der zieht sich das Gericht zu, indem er ißt und trinkt" (1 Kor 11,26–29). Daraus wird ersichtlich, daß die heilige Kommunion keineswegs primär ein Mahl zur Bildung und Stärkung der Gemeinschaft der Gläubigen untereinander ist, sondern die heilige Kommunion ist primär *communio*, d. h. Gemeinschaft mit Christus selbst. „Wer mein Fleisch ißt, und wer mein Blut trinkt, der bleibt in mir und ich bleibe in ihm." Dies ist nach den Worten des Herrn (Joh 6,56) Sinn und Wirkung dieses Sakramentes, sakramentale Gemeinschaft mit Christus. Und dies ist etwas anderes als die Tisch- und Mahlgemeinschaft, die jedes gemeinsame Mahl bilden kann und wohl auch soll. Daher sagt Paulus: „Könnt ihr denn nicht zu Hause essen und trinken?" (1 Kor 11,22). Der Hinweis auf die notwendige Prüfung ist für Paulus der Anlaß, den Christen in Korinth überhaupt über das Herrenmahl zu schreiben (vgl. 1 Kor 11,17ff). Es hieße, die biblischen Aussagen über das Abendmahl unrechtmäßig verkürzen, wollte man diese Aussagen ganz verschweigen.

V

Die Mahnung im 1. Korintherbrief hätte keinen Sinn, wenn das Herrenmahl ein Sakrament zur Vergebung jeglicher Sünde wäre. In manchen Schlußgebeten der Messe ist auch von einer Sündenvergebung durch dieses Sakrament die Rede. Dabei handelt es sich jedoch nicht um die Vergebung jeglicher Sünde, so wenig wie bei dem Bußakt zu Beginn der Messe. Wenn man mit dem Willen zur Ganzheit hinzutritt,

dann mindert oder heilt dieses Sakrament die Zwiespältigkeit des Herzens, da Christus in seiner Ganzheit sich selbst uns schenkt und wir mit unserer Ganzheit antworten sollen.
Dieses Sakrament bedeutet aber auch, daß die Rechtfertigung nicht nur die Vergebung der Sünden ist, sie ist auch qualifizierende Heiligung. Diese Heiligung ist nicht schon gegeben mit einer Neutralität, einer Art Nullpunkt Gott gegenüber. Rechtfertigung ist auch Heiligung, und zwar in ganz spezifischem und wörtlichem Sinn. Diese Heiligung wird mit der Rechtfertigung gegeben, aber nicht deshalb, weil diese Sündenvergebung ist, sondern weil uns Gott Anteil an seiner Heiligkeit gewährt, schenkt. Diese Heiligung ist in keinem Sinn Ergebnis unserer Werke; wir können uns auch nicht einen Anteil an der Heiligkeit Gottes nehmen. Diese Gnade ist vielmehr rein gnadenhafte Anteilgabe Gottes an seiner Heiligkeit. Das häufige Christus „in uns" oder „wir in Christus" der heiligen Schrift bezeugt dies. „Wer mein Fleisch ißt und mein Blut trinkt, der bleibt in mir und ich bleibe in ihm." Tatsächlich werden in den meisten Briefen des Neuen Testamentes die Empfänger schon in der Anrede als „Heilige" angeredet: „Paulus, durch den Willen Gottes Apostel Christi Jesu, an die Heiligen in Ephesus, die an Christus Jesus glauben" (Eph 1,1). Ähnlich lautet die Adresse oder die Anrede in den meisten apostolischen Briefen. Darum reden wir mit Recht und notwendigerweise von der heiligmachenden Gnade und von Sakramenten der Lebendigen. Dies sind die Sakramente, welche nicht der Sündenvergebung dienen, wie Taufe und Buße; nach dem Zeugnis der Schrift kann dies auch die Krankensalbung sein (Jak 5,14). Sakramente der Lebendigen sind die Sakramente, welche jene empfangen, welche schon das Gnadenleben in

sich haben, aber durch ein neues Sakrament in qualitativ neuer Weise die Gnade Christi empfangen. Die Gnade Gottes in Christus wird in der Schrift ja vielfältig, vielgestaltig genannt (vgl. Eph 3,10). Die Sakramente sind aber nicht wie Bäche, welche von verschiedenen Seiten dasselbe, nämlich Wasser, in einen Fluß einbringen. Die Sakramente dagegen bringen demselben Empfänger verschiedene Gnaden auf Grund des vielfältigen, unerschöpflichen Reichtums Christi für uns. Durch die Heilsgnade, die heiligmachende Gnade, wohnt Christus in gewisser Weise gnadenhaft qualifizierend schon in uns. Christus in uns, „die Hoffnung auf Herrlichkeit" (vgl. Kol 1,27). Im 1. Korintherbrief heißt es: „Wißt ihr nicht, daß ihr Gottes Tempel seid und der Geist Gottes in euch wohnt? ... Gottes Tempel ist heilig, und der seid ihr" (1 Kor 3,16f). Der Christ kann sich verfehlen durch Unterschätzung seiner selbst, und zwar nicht aus fehlender Einbildung in sich und sein Tun, sondern in fehlender Dankbarkeit für das, was Christus in der Erlösung durch den Kreuzestod aus ihm gemacht hat. Dankbarkeit und Danksagung als vor Gott und den Menschen geäußerte Dankbarkeit ist ein kaum entbehrlicher Schritt zur Liebe. „Laßt uns danken dem Herrn, unserem Gott", heißt es in jeder Messe.

VI

Die heilige Kommunion bringt uns, sie ist die innigste gnadenhafte Gemeinschaft mit Christus. Die heilige Kommunion ist damit die Weiterführung, die Verlängerung der Inkarnation auf jeden einzelnen hin. Zunächst gilt die Menschwerdung und der darin gegebene Heilswille Gottes allen Menschen. Jesus von Nazaret ist, wie im Römerbrief ausdrücklich beschrieben ist (vgl. Röm 5,12ff), der zweite und der stärkere Adam, freilich im umgekehrten Sinn; er bringt nicht den Tod, sondern das Leben. Die Menschwerdung gilt bis hin zum Kreuz zunächst allen Menschen, ja, der ganzen Schöpfung. „Ich, wenn ich von der Erde erhöht bin, werde alle zu mir ziehen" (Joh 12,32). „Kommt alle zu mir, die ihr euch plagt und schwere Lasten zu tragen habt. Ich werde euch Ruhe verschaffen" (Mt 12,28).

Dies sind Verheißungen und Aussagen, von denen wir leben. In der heiligen Kommunion geht Christus weiter; hier geht Christus auf den einzelnen zu und kehrt bei ihm persönlich ein, so als ob er der einzige wäre. Wenn wir den Koffer packen, weil wir uns zu ihm auf den Weg machen wollen, steht er schon vor unserer Haustür. „Ich stehe vor der Tür und klopfe an. Wer meine Stimme hört und mir die Tür öffnet, bei dem werde ich eintreten, und wir werden Mahl halten, ich mit ihm und er mit mir" (Offb 3,20). Dies geschieht in der heiligen Kommunion, dies ist die heilige Kommunion. Darum ist die heilige Messe als Abendmahlsfeier immer auch Danksagung.

Auch hier wird, wie überall, ein großer Unterschied zwischen Gott und dem Menschen deutlich. Wir kennen vielleicht die Namen von zwei Tennisspielern, aber wir sprechen schon kürzend von einer Fußballmannschaft. Die Schrift macht es genauso, nur an wenigen Stellen werden die Namen der zwölf Apostel aufgeführt, häufig aber ist einfach von den „Zwölf" die Rede. Bei Gott ist es nicht so. Gott denkt nicht in Zahlen oder Massen, Gott denkt und kennt jeden einzelnen. Was dem Propheten Jesaja gesagt ist, das gilt jedem: „Fürchte dich nicht, denn ich habe dich ausgelöst, ich habe dich beim Namen gerufen und du gehörst mir" (Jes 43,1). In der heiligen Kommunion wird dies am

deutlichsten. Wenn auch das Hören und Annehmen des Wortes schon eine gnadenhafte Begegnung mit Gott ist, so bedeutet das Herrenmahl doch eine Steigerung, wie ja das Abendmahlshandeln Christi eine steile Aufgipfelung des bisherigen Handelns Christi ist.
Man kann also sagen, daß das gesamte Heilswerk Christi in den letzten Stunden seines Lebens seinen krönenden, übererfüllenden und ungeahnten Abschluß findet, und zwar im Tun und im Erleiden, im Abendmahlshandeln und im Kreuzestod, der Auferstehung und Himmelfahrt einschließt. Dies alles – das Abendmahlshandeln Christi, sein Kreuzestod und seine Verherrlichung – steht in unlösbarem Zusammenhang, es bildet eine Einheit und Ganzheit. Es ist der Heilsplan Gottes aus der Liebe Gottes zu den Menschen, wie er mit der Menschwerdung des ewigen Gottessohnes vorgesehen ist und anhebt. Dem Christen ist dieser Heilsplan offengelegt. „Die Juden fordern Zeichen, die Griechen suchen Weisheit. Wir dagegen verkünden Christus als den Gekreuzigten: Für Juden ein empörendes Ärgernis, für Heiden eine Torheit, für die Berufenen aber, Juden wie Griechen, Christus, Gottes Kraft und Gottes Weisheit" (1 Kor 1,22–24). Dann hat das Lied ja ganz recht, in welchem wir singen: „Deinem Heiland, deinem Lehrer, deinem Hirten und Ernährer, Zion stimm ein Loblied an. Preist nach Kräften seine Würde, da kein Lobspruch, keine Zierde, seiner Größe gleichen kann."

Christus ist auferstanden und stirbt nicht mehr

Zweiter Ostertag 1988 und ein sechzigjähriges Priesterjubiläum

Auch heute feiern wir wie gestern das eine Osterfest, die Auferstehung unseres Herrn Jesus Christus. *„Sollemnitas sollemnitatum. Dies sanctus Paschae"* – „Das Fest aller Feste, der heilige Ostertag", so wird dieses Fest in der Liturgie bezeichnet. Gleichzeitig feiern wir den sechzigsten Jahrestag der Priesterweihe eines Priesters des Bistums, eines Mitglieds des Domkapitels. Der Jahrestag der Priesterweihe, der 24. März, fiel mitten in die Passionswoche; jedoch läßt sich der Priesterweihe vor sechzig Jahren besser am zweiten Ostertag festlich gedenken. Diese beiden Inhalte, Fest der Auferstehung und Priesterjubiläum, schließen einander nicht aus; ohne Tod und Auferstehung kein Priestertum. „Deinen Tod, o Herr, verkünden wir, und deine Auferstehung preisen wir, bis du kommst in Herrlichkeit."

I

Ostern und Priesterjubiläum passen zusammen. Denn der Priester ist gesendet mit einem inhaltlich ganz bestimmten Auftrag; er soll die Botschaft von einem historischen Geschehen ausrichten. Es ist die Botschaft von Jesus von Nazaret als dem menschgewordenen, ewigen Gottessohn, geboren von der Jungfrau Maria; die Botschaft von seinem Leben, seiner Lehre, von Leiden, Sterben, Auferstehen, und von seiner Verherrlichung in der Himmelfahrt. Die christliche Lehre ist also nicht die Lehre von einer Idee, die eventuell auch von einem anderen hätte ausgedacht werden können. Die christliche Lehre ist die Lehre von Christus, ist die Botschaft von dem geschichtlichen Heilshandeln Gottes in Jesus von Nazaret als dem menschgewordenen Gottessohn. Schon Johannes der Täufer deutet direkt auf ihn inmitten seiner Zuhörer und sagt: „Seht, das Lamm Gottes, das die Sünde der Welt hinwegnimmt" (Joh 1,29). Und Jesus sagt von sich selbst: „Ich bin der Weg, die Wahrheit und das Leben" (Joh 14,6). Der Weg ist also nicht ein Weg woandershin, die Wahrheit von etwas oder jemand anderem; der Weg ist der Weg zu ihm, die Wahrheit ist die Wahrheit von ihm. Denn er ist selbst das Leben und in sich selbst die unmittelbare Hinführung zum Vater. Jesus sagt im selben Vers: „Niemand kommt zum Vater außer durch mich."

Die Botschaft von Jesus Christus, von dem Heilshandeln Gottes überhaupt verkündigen, heißt in der Schrift, das Wort Gottes verkündigen. Paulus schreibt an die Thessalonicher: „Darum danken wir Gott unablässig dafür, daß ihr das Wort Gottes ... nicht als Menschenwort, sondern – was es in Wahrheit ist – als Gottes Wort angenommen habt; und jetzt ist es in euch, den Gläubigen, wirksam" (1 Thess 2,13). Man kann sich fragen: Wie macht man das, daß eine Predigt nicht Menschenwort, sondern Gottes Wort ist? Es erfordert jedenfalls die äußerste Disziplin, daß des Menschen Reden transparent wird für Gottes Wort. Am Anfang der Bergpredigt gibt es ein paralleles Wort vom Handeln des Christen überhaupt. Es heißt da: „So soll euer Licht vor den Menschen leuchten, daß sie eure guten Werke sehen und euren Vater im Himmel preisen" (Mt 5,16). Wie macht man das, daß die Menschen wohl unsere guten Werke sehen, aber nicht uns, sondern den Vater preisen? Offenbar ist es möglich; jedenfalls soll der Gläubige nicht auf seine, sondern auf Gottes Ehre bedacht sein. „Nicht uns, o Herr, nicht uns, sondern deinem Namen gib die Ehre“, heißt es schon im Psalm (115,1), und die Engel auf Betlehems Fluren sangen erst zur Ehre Gottes, und dann wünschten und verhießen sie den Menschen Frieden.

Das Wort ist nicht äußerst ohnmächtig einer viel robusteren Wirklichkeit gegenüber. Der Mensch kann sich selbst aussagen: Ich glaube, ich liebe. Gottes Wort ist ganz und gar nicht ohnmächtig. Der himmlische Vater spricht in der zweiten göttlichen Person seine ganze Wirklichkeit, außer der Vaterschaft, aus. „Im Anfang war das Wort, und das Wort war bei Gott, und Gott war das Wort.“ In seinem Wort hat Gott alles erschaffen; er sprach, „und es geschah“, wie es mehrfach im ersten Schöpfungsbericht heißt. Wie der Mensch sich in seinem Wort uns offenbaren muß, auch wenn wir ihn kennen, so offenbart sich Gott uns nicht nur in seinen Werken, sondern auch in seinen Worten. „Der Mensch lebt nicht vom Brot allein, sondern von jedem Wort, das aus dem Munde Gottes kommt“ (Mt 4,4). Und der Hebräerbrief sagt: „Lebendig ist das Wort Gottes, kraftvoll und schärfer als jedes zweischneidige Schwert“ (Hebr 4,12). Da das Heil nicht aus einer Idee kommt, sondern von dem Glaubensanschluß an Jesus Christus, also einer historischen Person vor bald 2000 Jahren, sind die Augen- und Ohrenzeugen für alle kommenden Generationen das unentbehrliche, aber auch tragfähige Bindeglied zu Christus selbst. Die Apostel sind sich dessen bewußt. Da Judas Iskariot ausgeschieden war, suchen sie an dessen Stelle einen Mann, der von der Taufe im Jordan bis zur Himmelfahrt bei ihnen war und die ganze Tätigkeit Christi und sein Erleiden miterlebt hat. Das Los fiel auf Matthias. Der erste

Johannesbrief beginnt so: „Was von Anfang an war, was wir gehört haben, was wir mit unseren Augen gesehen, was wir geschaut und was unsere Hände angefaßt haben, das verkünden wir" (1 Joh 1,1). „Ihr seid auf das Fundament der Apostel und Propheten gebaut; der Schlußstein ist Christus Jesus selbst" (Eph 2,20). Zu dem, was sie erlebt haben, gehört wesentlich die Begegnung mit dem auferstandenen Christus. Auferstehung hatte es bisher nie gegeben; man wußte nicht einmal, daß es so etwas geben kann. Als Christus den Jüngern zum ersten Mal von seiner Auferstehung sprach, nach seiner Verklärung auf dem Berg Tabor, verstanden sie ihn überhaupt nicht. „Dieses Wort beschäftigte sie, und sie fragten einander, was das sei, von den Toten auferstehen" (Mk 9,10).

Die Aufgabe und der Auftrag, Jesus Christus als Wort Gottes zu verkündigen, war den Aposteln so wichtig und wesentlich, daß dies zur ersten Ämterverteilung führte. Die Apostelgeschichte berichtet im 6. Kapitel, daß es wegen der Verteilung der Gaben zwischen Heidenchristen und Judenchristen zur Mißstimmung kam; die Heidenchristen fühlten sich benachteiligt. Die Apostel untersuchen oder bestreiten das nicht, sie sorgen, daß andere als sie die Aufgabe der Gabenverteilung übernehmen: „Wir aber wollen beim Gebet und beim Dienst am Wort bleiben" (Apg 6,4). Welch ein Programm für Priestersein und für das priesterliche Leben, wenn man nur bedenkt, daß der Hauptort der Wortverkündigung der Gottesdienst, die Eucharistiefeier war und es auch heute noch ist. Demnach ist der Priester der erste, notwendige und immerwährende Beter seiner Gemeinde, eine Hilfe und ein sicherer Schutz gegen jede nur äußerliche Betriebsamkeit. Und siehe da, beten und die heilige Messe feiern, das können wir als

Emeritierte auch heute noch; dies war aber auch das Beste und Notwendigste, als wir noch im Amt waren, von Anfang an, schon als wir Kapläne waren.

II

Die Osterbotschaft gibt uns Antwort auf viele Fragen. Es gibt viele Fragen, das Dasein und das Sosein des Menschen betreffend. Der Mensch ist selbst in seinem Wesen eine Frage; er ist das rätselhafteste Geschöpf, das wir kennen. Er gehört der materiellen Welt an und der geistigen, und ist doch weder eindeutig Leib, noch eindeutig Seele. Wir wissen genau, aus welchen Stoffen der menschliche Leib besteht; aber der Leib des Menschen ist nicht etwas, sondern jemand, die Person. Die Hand ist am lebendigen Leib kein Ding, sondern schon der Mensch. Wenn der Mensch an einer Wunde zuviel Blut verliert, stirbt er. Ist er tot, weil der Leib tot ist, oder ist er gar nicht tot, weil die Seele lebt? Die Seele lebt, aber sie ist nicht der vollkommene Mensch. Wäre die Seele der ganze Mensch, dann wäre der Tod die Befreiung der Seele zu ihrem reinen Geistsein, ohne die Last des Leibes. So ist es aber nicht. Dann wäre die Auferstehung des Leibes eine erneute Belastung; sie ist es aber nicht, sie ist die Vollendung der Seele.
So ist es auch mit dem Heilshandeln Christi, das, wie der Epheserbrief sagt, „überfließend" reich ist (Eph 2,7). Auch da gibt es Fragen, nicht ob, sondern wie, wozu sind wir erlöst? Schon die Jünger haben solche Fragen, und sie stellen sie auch. Wie in der Apostelgeschichte im 1. Kapitel berichtet wird, stellen die Jünger noch unmittelbar vor der Himmelfahrt an den scheidenden Herrn die Frage, ob er in dieser Zeit, ob er jetzt sein endgültiges Reich aufrichtet. Der

Herr sagt: Das braucht ihr nicht zu wissen; in der Kraft des kommenden Geistes sollt ihr meine Zeugen sein bis an die Grenzen der Erde. Woher kommt diese Struktur des göttlichen Handelns, so daß der Herr dem ungläubigen Thomas sagen kann: „Weil du mich gesehen hast, glaubst du. Selig sind, die nicht sehen und doch glauben“ (Joh 20,29)?

III

Die angedeutete Struktur des göttlichen Handelns kommt daher, beruht darauf, daß das gesamte göttliche Handeln nach außen zweistufig ist. Was soll das heißen? Diese Zweistufigkeit bedeutet, daß sowohl in der Schöpfung wie in der Erlösung der Anfang nicht schon das Ende, daß das Erste nicht schon das Letzte ist. Am Ende des ersten Schöpfungsberichtes heißt es ausdrücklich: „Gott sah alles, was er gemacht hatte. Es war sehr gut“ (Gen 1,31). Trotzdem war die erschaffene Welt nicht in ihrem vorgesehenen späteren Endstand. Was in der Planung das Erste ist, das ist in der Ausführung das Letzte. Bei uns ist es jedenfalls so: Wenn wir ein Haus bauen wollen, ist die Vorstellung von dem Haus das Erste; da ist das Haus erst, wenn es fertig ist. So sehr gut das Paradies auch war, es war nicht die Vollendung; und dies nicht, weil Gott die vollendete Welt nicht gleich gelungen wäre, sondern weil das Handeln Gottes zweistufig ist. Im Paradies offenbarte sich Gott wohl den Menschen, aber nicht in seiner Herrlichkeit, an der teilzuhaben dem Menschen gewährt werden sollte. Darum konnte der Mensch im Paradies auch sündigen, freilich nicht ohne die Lüge des Verführers, des Lügners von Anbeginn. Und er sündigte auch. Noch im Paradies

wurde ihm vergeben. Aber er verlor manche der Paradiesesgaben; die Welt hörte auf, paradiesisch zu sein, und umgekehrt, er für die Welt.
Die extremste Form der Zweistufigkeit ist gegeben in dem menschgewordenen Gottessohn, in Jesus von Nazaret. Es ist ja auch nicht zu fassen: Der ewige Gottessohn entäußert sich seiner göttlichen Herrlichkeit und wird ein Mensch mit einem Leben wie wir, „in allem uns gleich, außer der Sünde", heißt es im IV. Hochgebet. Aber weit darüber hinaus, geht er sehenden Auges einem solchen Tod entgegen. Er läßt sich von den Menschen, von seinen Feinden als Verbrecher gegen Gott verurteilen und kreuzigen, ohne auch nur den kleinen Finger zu rühren, denn er hätte sich ja wehren können. Er hat unsere Sünde auf sich genommen und uns dadurch erlöst von der Sünde; er hat den Schuldschein, der gegen uns lautete und uns forderte, an sein Kreuz geheftet und dadurch zerrissen. Zugleich wollte er den himmlischen Vater verherrlichen, indem er makellos den Willen des Vaters erfüllte, der „die Welt", d. h. uns, so sehr liebte, daß er seinen Sohn für uns in diesen Tod dahingab. Im Philipperbrief ist dies so beschrieben: „Er war Gott gleich, hielt aber nicht daran fest, wie Gott zu sein, sondern er entäußerte sich und wurde wie ein Sklave und den Menschen gleich... Er erniedrigte sich und war gehorsam bis zum Tod, bis zum Tod am Kreuz" (Phil 2,6–8).
Zweistufig ist auch die Frucht der Erlösung für uns, und dies wiederum nicht etwa, weil die Erlösungstat oder -kraft Christi nicht hingereicht hätte, uns gleich das ganze und volle Maß der Erlösungsfrucht zu geben. Unter keinen Umständen darf man eine Stelle im Kolosserbrief deuten, dem Leiden Christi könne noch etwas ergänzend, seine Wirksamkeit vermehrend, hinzugefügt werden. Die Stelle lautet:

„Jetzt freue ich mich in den Leiden, die ich für euch ertrage. Für den Leib Christi, die Kirche, ergänze ich in meinem irdischen Leben das, was an den Leiden Christi noch fehlt" (Kol 1,20). Der Apostel will nicht sagen, Christus habe nicht genug gelitten, sondern er hat so gelitten, daß das Leiden des Christen einbezogen ist. Es ist in das Leiden Christi qualifizierend, umqualifizierend, einbezogen. „Christus will ich erkennen und die Macht seiner Auferstehung und die Gemeinschaft mit seinem Leiden; sein Tod soll mich prägen" (Phil 3,10). Der Grund ist, daß die Erlösungsfrucht in der Gleichgestaltung mit dem leidenden, sterbenden und in der Auferstehung verherrlichten Christus besteht. Und dies nicht aus Ohnmacht, sondern in der Macht zur Umqualifizierung. Denn alles, was man in der Verähnlichung mit Christus tun, lassen oder erleiden kann und muß, ist dadurch umqualifiziert zur ewigen Geltung vor Gott. Dies gilt selbst und gerade vom Tod: „Tod, wo ist dein Sieg; Tod, wo ist dein Stachel!" (1 Kor 15,55). Dies gilt gerade vom Tod; denn der Tod ist die einzige Form der Selbsthingabe an Christus, die uns das Leben kostet, wie seine Hingabe an uns Christus das Leben gekostet hat.

IV

Die Zweistufigkeit wird von Jesus selbst und dem ganzen Neuen Testament bis zur Apokalypse bezeugt. Durch Jesus wird die Zweistufigkeit z. B. in dem Gleichnis vom reichen Mann und dem armen Lazarus bezeugt (Lk 16,19–31). Als der arme Lazarus starb, „wurde er von den Engeln in Abrahams Schoß getragen", der Reiche aber mußte in die Unterwelt, „wo er qualvolle Schmerzen litt". In der zweiten Stufe als Endstufe kehren sich die Geschicke um; der Arme, der in diesem Leben nur Schlechtes erfahren hat, wird getröstet, der reiche Prasser muß leiden, der arme Lazarus wird für immer getröstet, und es führt kein Weg hinüber oder herüber. – Das Gleichnis von den klugen und törichten Jungfrauen sagt dasselbe (Mt 25,1–12). Lange Zeit war von dem Bräutigam nichts zu sehen. Aber es gab ihn, und er kam auch. Die Vorbereiteten gingen mit ihm in den Hochzeitssaal ein; den Unvorbereiteten wurde gesagt: „Ich kenne euch nicht."

Die Gerichtsreden des Herrn bezeugen dasselbe: „Kommt her... nehmt das Reich in Besitz, das seit der Erschaffung der Welt für euch bestimmt ist" (Mt 25,34). Was als Absicht und Ziel das Erste ist, das ist in der Ausführung das Letzte. Es besteht sogar eine Unansehnlichkeit, eine Verborgenheit des Reiches Gottes in der ersten Stufe, auch eine Indirektheit. „Was ihr für einen meiner geringsten Brüder getan habt, das habt ihr mir getan" (Mt 25,40). Die Zweistufigkeit und der innere Zusammenhang der beiden Stufen, das alles ist wesentlich für die apostolische Verkündigung der Christusbotschaft: Wir sind Miterben Christi, „wenn wir mit ihm leiden, um mit ihm auch verherrlicht zu werden. Ich bin überzeugt, daß die Leiden der gegenwärtigen Zeit nichts bedeuten im Vergleich zu der Herrlichkeit, die an uns offenbar werden soll... Auch die Schöpfung soll von der Sklaverei und Verlorenheit befreit werden zur Freiheit und Herrlichkeit der Kinder Gottes. Denn wir wissen, daß die gesamte Schöpfung bis zum heutigen Tag seufzt und in Geburtswehen liegt. Aber auch wir, obwohl wir als Erstlingsgabe den Geist haben, seufzen in unserem Herzen und warten darauf, daß wir mit der Erlösung unseres Leibes als Söhne offenbar werden" (Röm 8,17f. 21–23). „Wir verkünden", wie es in der Schrift heißt, „was kein Auge gese-

hen und kein Ohr gehört hat, was keinem Menschen in den Sinn gekommen ist: Das Große, das Gott denen bereitet, die ihn lieben" (1 Kor 2,9). „Er aber, der durch die Macht, die in uns wirkt, unendlich viel mehr tun kann, als wir erbitten oder uns ausdenken können, er werde verherrlicht durch die Kirche und durch Christus Jesus in allen Generationen, für ewige Zeiten. Amen" (Eph 3,20f).
Die Geheime Offenbarung ist reich an Aussagen über die Zweistufigkeit, besonders über die Andersartigkeit des ewigen Endstandes. „Dann sah ich einen neuen Himmel und eine neue Erde; denn der erste Himmel und die erste Erde sind vergangen, auch das Meer ist nicht mehr... Da hörte ich eine Stimme vom Thron her rufen: Seht die Wohnung Gottes unter den Menschen! Er wird in ihrer Mitte wohnen, und sie werden sein Volk sein; und er, Gott, wird bei ihnen sein. Er wird alle Tränen von ihren Augen abwischen. Der Tod wird nicht mehr sein, keine Trauer, keine Klage, keine Mühsal. Denn was früher war, ist vergangen. Er, der auf dem Thron saß, sprach: Seht, ich mache alles neu" (Offb 21,1.3–5). Vorstellen können wir uns dies alles nicht, weil wir uns nicht vorstellen oder ausdenken können, welche Veränderungen Gott in seiner allmächtigen Übermacht an der gesamten Schöpfung verwirklichen kann. „Liebe Brüder, jetzt sind wir Kinder Gottes. Aber was wir sein werden, ist noch nicht offenbar geworden. Wir wissen, daß wir ihm ähnlich sein werden, wenn es offenbar wird, denn wir werden ihn sehen, wie er ist" (1 Joh 3,2).
Man kann sagen und hat gesagt: Das sind alles nur Verheißungen. Dies ist richtig, bis auf das „nur". Denn Gott ist getreu, er erfüllt, was er verheißt. Gott enttäuscht nicht; im Gegenteil, die Erfüllung seiner Verheißungen übersteigt bei weitem unser Vorstellungsvermögen. Man hat auch gesagt,

vom Jenseits ist noch keiner wiedergekommen. Aber gibt es denn nicht ein einziges Beispiel, an dem etwas vom Jenseitigen sichtbar, erfahrbar würde? Doch, das gibt es; es ist Jesus Christus in seiner Verklärung und Himmelfahrt. Von der Verklärung heißt es bei Matthäus: „Er wurde vor ihren Augen (vor Petrus, Jakobus und Johannes) verwandelt; sein Gesicht leuchtete wie die Sonne, und seine Kleider wurden blendend weiß wie Licht." Mose und Elija erschienen und redeten mit ihm; eine Stimme aus der Wolke rief: „Das ist mein geliebter Sohn, an dem ich Gefallen gefunden habe, auf ihn sollt ihr hören" (vgl. Mt 17,2 ff). Es ist derselbe Jesus, der in der Verklärung tiefgreifend verwandelt wurde, und der nach der Verklärung wieder war wie vorher. Auch Auferstehung und Himmelfahrt des Herrn kann man hier anführen. Der Auferstandene erscheint nicht verklärt, immer wieder in anderer Gestalt, und doch erkenntlich als in der Auferstehung Verwandelter. Er ißt mit den Aposteln, und ist doch anders, aber erkennbar als der Gekreuzigte an seinen nun glorreichen Wunden. Die Himmelfahrt ist eine Offenbarung seiner Herrlichkeit und Göttlichkeit. Denn er entschwindet nicht in den Wolken wie ein Ballon; es wird vielmehr eindeutig klar, daß er dahin zurückkehrt, woher er ausgegangen ist, nun für immer mit seiner ein für allemal angenommenen Menschheit. „Vom Vater bin ich ausgegangen und in die Welt gekommen; ich verlasse die Welt wieder und gehe zum Vater" (Joh 16,28). Die Himmelfahrt wurde als Heimkehr deutlich. Darum kehrten die Jünger nach der Himmelfahrt auch „in großer Freude nach Jerusalem zurück" (Lk 24,52). Zum Zeichen, daß seine Auffahrt Himmelfahrt war, standen plötzlich zwei Männer in weißen Gewändern bei ihnen und sagten: „Ihr Männer von Galiläa, was steht ihr da und schaut zum Himmel empor? Dieser

Jesus, der von euch ging und in den Himmel aufgenommen wurde, wird ebenso wiederkommen, wie ihr ihn habt zum Himmel hingehen sehen" (Apg 1,10f). Jetzt konnten sie sich auch daran erinnern, daß er ihnen gesagt hatte: „Im Haus meines Vaters sind viele Wohnungen... Wenn ich gegangen bin und einen Platz für euch vorbereitet habe, komme ich wieder und werde euch zu mir holen, damit auch ihr dort seid, wo ich bin" (Joh 14,2f). Und in dem Abschiedsgebet des Herrn beim letzten Abendmahl hatte es geheißen: „Vater, ich will, daß alle, die du mir gegeben hast, dort bei mir sind, wo ich bin. Sie sollen meine Herrlichkeit sehen, die du mir gegeben hast, weil du mich schon geliebt hast vor Erschaffung der Welt" (Joh 17,24). An dem ist es aber noch gar nicht, zuerst kommt es für die Jünger ganz anders, und zwar, weil dies alles zweistufig ist, und weil die Differenz von der ersten zur zweiten Stufe unvorstellbar groß ist.

Aber warum ist dies alles zweistufig? Könnte nicht die ganze Schöpfung von Anfang an in dem ewigen Endstand erschaffen sein, so daß die Krisen der Menschheit und des einzelnen ausblieben und auch die Herablassung Gottes in Knechtsgestalt überflüssig wäre? Das könnte sein, aber es ist nicht. Es wäre doch wohl zu eng, zu eingleisig gedacht, wenn man antwortet, so einfach und bequem sollte es der Mensch doch nicht haben, er sollte auf die Probe gestellt, er sollte erprobt werden. Gewiß, prüfen, auf die Probe stellen, kommt in der Schrift vielfach vor. Von Abraham heißt es, Gott stellte ihn „auf die Probe", ob er bereit wäre, seinen einzigen Sohn, den Träger der Verheißung, zu opfern (Gen 22,1); der Herr stellte das Volk Israel in der Wüste „auf die Probe" (Ex 15,25). Aber auch umgekehrt: Bei der Versuchung in der Wüste entgegnete der Herr dem Versucher:

„Du sollst den Herrn, deinen Gott, nicht auf die Probe stellen“ (Mt 4,7). Die Pharisäer wollen Jesus mehrfach auf die Probe stellen, aber er durchschaut sie. Jesus sagt von sich selbst zu den Jüngern: „In allen meinen Prüfungen habt ihr bei mir ausgeharrt. Darum vermache ich euch das Reich, wie es mein Vater mir vermacht hat“ (Lk 22,28).

Dazu können freilich noch andere Erwägungen kommen, so daß Prüfung nicht einfach als Erschwerung erscheint. Die ganze Schöpfung ist um der Personen willen; dies bedeutet aber auch, daß die Schöpfung, und erst recht die Erlösungstat Gottes in Jesus Christus aus Liebe geschieht. Liebe ist das Hauptgebot im neuen wie im alten Bund. Liebe aber besteht und ist wirksam über die Abgründe der Unbegreiflichkeit hinüber. Gott leidet ja nicht, auch nicht an unserer Sünde, Gott ist unstörbar selig. Dessen entäußert sich der Sohn in der Knechtsgestalt und leidet in der angenommenen Menschheit als seiner Menschheit. Dies ist die Kraft der Liebe, darauf sollen wir antworten; er hat uns zuerst geliebt.

Noch ein anderes kommt dazu: Die Schöpfung ist entwicklungsfähig, entfaltungsfähig, und die Kirche auch. Die ganze materielle Schöpfung ist in Bewegung, Veränderung und Entwicklung, durch die Milliarden Jahre hindurch. Die Menschheit hat ihre Geschichte. Und Geschichte ist nicht nur der Abfall von dem Ursprünglichen oder dem, was sein soll; Geschichte ist auch die legitime Entfaltung der immanenten Möglichkeiten. Denn man kann vieles auf verschiedene Weise richtig und doch gleich gut machen. Man braucht z. B. nur an die verschiedenen Baustile zu denken, wie sie sich uns auch im Dom präsentieren. Auch die Kirche hat ihre legitime Entwicklung. Die Kirche ist nicht etwa um so schwächer, je mehr sie sich von der Urkirche unterschei-

det, vielmehr ist die Urkirche auf eine unabsehbare Entwicklung angelegt. Dies ist schon im Neuen Testament sichtbar, etwa in dem Übergang von der Erwartung einer nahe bevorstehenden Wiederkunft des Herrn zur Erkenntnis, daß damit nicht zu rechnen ist. Welcher Reichtum hat sich in der Kirche trotz ihrer „Makel und Runzeln“ im Lauf der Jahrhunderte entfaltet; man braucht als Beispiel nur an die verschiedenen Ordensgemeinschaften zu denken, von denen es in der Urkirche noch keine gab, oder man denke an die verschiedene Gestalt des Papsttums. Niemand kann absehen, wie sich die Kirche im Laufe der Zeiten noch weiter entwickelt, ohne dadurch an Identität mit sich selbst und mit der Urkirche einzubüßen.
Im Laufe eines sechzigjährigen Priestertums erlebt man tiefgreifende Veränderungen, wie in der Welt, so auch in der Kirche. Dies geschieht unter der Obhut des Heiligen Geistes. Wir werden dabei jedoch nicht ausgeschaltet, wir sollen willig und fähig sein zur Unterscheidung der Geister, wie sie schon im 1. Johannesbrief gefordert ist (4,1 ff). Dann aber können wir in Zuversicht Zeugen für Christus sein im Namen der Kirche, welche die Mächte der Hölle nicht überwältigen. Dem Jubilar sei herzlich gedankt für sein Christuszeugnis durch sechzig Priesterjahre.

Wem ihr die Sünden vergebt, dem sind sie vergeben

Mi 7,14.15.18–20; Lk 15,1–3.11–32

Die beiden Lesungen des heutigen Tages verheißen und beschreiben die Vergebung unserer Sünden. Das Evangelium vom verlorenen Sohn ist uns bekannt. Der verlorene Sohn wird nicht nur wieder aufgenommen; der Vater schaut nach ihm aus, vergibt ihm gern und feiert sogar ein Fest. Die Reaktion seines Bruders ist uns begreiflich. Zu beachten ist, was der Heimkehrende sagt: „Vater, ich habe mich gegen den Himmel und gegen dich versündigt." Er wollte nicht gegen den Himmel sündigen, er wollte sein Erbteil und sich von seinem Vater trennen; aber indem er dies tat, versündigte er sich auch gegen den Himmel. Zum Zeichen, daß ihm der Himmel vergibt, vergibt ihm auch der Vater; indem dieser vergibt, vergibt auch der Himmel. Denn der Himmel ist zur Vergebung bereit.

In der ersten Lesung aus dem Propheten Micha – es ist der Schluß des Buches – heißt es: „Wer ist ein Gott wie du, der die Schuld verzeiht und dem Rest deines Erbvolkes das Unrecht vergibt?... Er wird wieder Erbarmen mit uns haben und unsere Schuld zertreten. Ja, du wirfst all' unsere Sünden in die Tiefe des Meeres hinab. Du wirst Jakob deine Treue erweisen und Abraham deine Huld, wie du unseren Vätern geschworen hast in den Tagen der Vorzeit" (Mi 7,18–20).

Was geschieht in der Vergebung der Sünden? Wir können uns fragen, was in der Vergebung der Sünden geschieht. Diese Frage besteht, da das einmal Geschehene nicht ungeschehen gemacht werden kann. Selbst eine Handbewegung, die ich jetzt mache, kann nicht ungeschehen gemacht werden, auch durch Gott nicht. Dies ist keine Ohnmacht Gottes, als ob sich Gott nach einem auch Gott übergeordneten Gesetz richten müsse. Vielmehr ist Gott selbst der Grund dieses Gesetzes, weil Gott hinter aller Wirklichkeit steht, alle Wirklichkeit trägt. Was geschieht dann aber in der Sündenvergebung?

I

Es gibt die sündentilgende Sündenvergebung. Man hat schon gesagt, Sündenvergebung sei Unrecht, denn es sei Unrecht, wirklich Geschehenes zu verleugnen, so zu tun, als sei es nicht geschehen, oder Sündenvergebung sei gar nicht möglich, weil Geschehenes nicht ungeschehen gemacht werden kann. Doch nach dem Schriftbefund gibt es Sündenvergebung bei und durch Gott. Davon leben wir alle: Gott ist ein gnädiger Gott, welcher dem um- und heimkehrenden Sohn vergibt, restlos vergibt. Der Vater kommt dem wiedergekommenen Sohn gegenüber gar nicht darauf zurück, daß der Sohn sich gegen den Vater verfehlt hat. Gott „wirft unsere Sünden in die Tiefe des Meeres“ hinab (Mi 7,19).

Daß es Sündenvergebung gibt, daß Gott die Sünden vergibt, sagen uns nicht nur die Lesungen dieses Tages, das ist die frohe Botschaft des Alten und des Neuen Testamentes schlechthin. Im 1. Kapitel des Jesajabuches heißt es: „Wären eure Sünden auch rot wie Scharlach, sie sollen weiß werden wie Schnee. Wären sie rot wie Purpur, sie sollen weiß werden wie Wolle“ (Jes 1,18). In dem Psalm 51 von David heißt es: „Gott, sei mir gnädig nach deiner Huld, tilge meine Frevel nach deinem reichen Erbarmen. Wasche meine Schuld von mir ab und mach’ mich rein von meiner Sünde!

... Entzündige mich mit Ysop, dann werde ich rein; wasche mich, dann werde ich weißer als Schnee. Sättige mich mit Entzücken und Freude! Jubeln sollen die Glieder, die du zerschlagen hast" (Ps 51,3f. 9f).
Auch neutestamentlich kann an der Vergebungsbereitschaft Gottes nicht der geringste Zweifel bestehen. In dem ‚Vater unser', das uns Christus selbst gelehrt hat, heißt es: Vergib uns unsere Schuld, wie auch wir vergeben unsern Schuldigern. Nach dem Johannesevangelium sagt der Auferstandene den Jüngern: „Wie mich der Vater gesandt hat, so sende ich euch. Nachdem er das gesagt hatte, hauchte er sie an und sprach zu ihnen: Empfanget den Heiligen Geist! Wem ihr die Sünden vergebt, dem sind sie vergeben; wem ihr die Vergebung verweigert, dem ist sie verweigert" (Joh 20,21–23). Dies ist ein ungeheuer bedeutungsvoller Vorgang. Nachdem Jesus einem Kranken überraschend als erstes gesagt hatte: „Deine Sünden sind dir vergeben", anstatt ihn zu heilen, was er dann doch tat, sagten die Pharisäer mit Recht: „Wer kann Sünden vergeben außer dem einen Gott?" (Mk 2, 5.7). Dies bleibt auch bestehen; denn die Apostel sprechen die Sündenvergebung nicht in gleicher Weise aus wie Christus. Christus hatte in eigener Macht gehandelt: „Ich bin der Weg, die Wahrheit und das Leben" (Joh 14,6). Johannes der Täufer hatte von sich weggewiesen; er „bekannte und leugnete nicht; er bekannte: Ich bin nicht der Messias" (Joh 1,20). Er weist auf Jesus von Nazaret: „Seht, das Lamm Gottes, das hinwegnimmt die Sünden der Welt" (Joh 1,29). Jesus aber war Weg, aber nicht zu einem anderen, sondern zu sich selbst und in sich unmittelbar auch zum Vater. Darum vergibt Jesus in ureigener Vollmacht, die Apostel dagegen im Namen der heiligsten Dreifaltigkeit. Als Petrus im Tempel einen Gelähmten geheilt

hatte, sagte er: „Was starrt ihr uns an, als hätten wir aus eigener Kraft und Frömmigkeit bewirkt, daß dieser gehen kann? Der Gott Abrahams, Isaaks und Jakobs... hat seinen Knecht Jesus verherrlicht, den ihr verraten und vor Pilatus verleugnet habt" (Apg 3,12f).

Keinesfalls bedeutet Sündenvergebung eine Bagatellisierung der Sünde. Dies geschieht auch nicht in der Begegnung Jesu mit der Ehebrecherin: „Frau, wo sind sie geblieben? Hat dich keiner verurteilt? Sie antwortete: Keiner, Herr. Da sagte Jesus zu ihr: Auch ich verurteile dich nicht. Geh und sündige von jetzt an nicht mehr" (Joh 8,10f). Die Frau wird das in ihrem ganzen Leben nicht mehr vergessen haben.

Daß Sündenvergebung nicht Bagatellisierung der Sünde ist, sehen wir am deutlichsten an ihrer Voraussetzung, am Leiden und Sterben Christi am Kreuz. Der leidende und sterbende Christus ist das deutlichste Bild der Sünde, die zum Tod führt: „Denn der Lohn der Sünde ist der Tod" (Röm 6,23), sie zahlt sich mit dem Tod aus. „Er hat den, der keine Sünde kannte, für uns zur Sünde gemacht, damit wir in ihm Gerechtigkeit Gottes würden" (2 Kor 5,21). Darum beten wir mit Recht im schmerzhaften Rosenkranz: „Der für uns Blut geschwitzt hat...; der für uns gekreuzigt worden ist." Durch seinen Tod hat er den „Schuldschein", der gegen uns lautete, zerrissen, er hat ihn ans Kreuz geheftet und damit die Vergebung unserer Sünden verdient, für uns ist er gestorben. Eindeutig heißt es bei der Einsetzung des Herrenmahles: „Das ist mein Leib, der für euch hingegeben wird... Dieser Kelch ist der neue Bund in meinem Blut, das für euch vergossen wird" (Lk 22,19f). – Es ist also eindeutig: Es gibt Sündenvergebung, und diese ist ermöglicht durch den „überfließenden" (Eph 2,7), unerschöpflichen Reichtum der Erlösungsgnade.

Nun haben wir unter den vielen Aussagen, welche die totale Sündentilgung bezeugen, zwei Aussagen, welche sich nicht zu decken scheinen; es ist die Rede vom Tilgen und vom Zudecken der Sünde. „Er hat ihn (den Schuldschein) dadurch getilgt, daß er ihn an das Kreuz geheftet hat" (Kol 2,14). Am Schluß des Jakobusbriefes heißt es: „Wer einen Sünder zur Umkehr bewegt, rettet ihn vor dem Tode und deckt eine Menge Sünden zu" (Jak 5,20). Der Römerbrief (4,7) zitiert Psalm 32,1: „Selig sind, deren Frevel vergeben und deren Sünden bedeckt sind." Zudecken und tilgen ist nicht genau dasselbe. Das nur Zugedeckte gibt es noch; aber es ist verborgen, seiner wird nicht mehr gedacht. Daß der Auferstandene dreimal Petrus fragt, ob er ihn liebe, mag redaktionell als Parallele zu dem dreimaligen Verrat des Petrus an Christus gedacht sein; wir haben aber keinerlei Anlaß, daß Christus das gewollt hat. Es wäre ja auch eine seltsame Frage nach der Liebe, wenn in der Frage nach der Liebe gleichzeitig bedeutet würde: Weißt du noch, du hast mich dreimal verraten. Was ist also Sündenvergebung, ist sie tilgen oder zudecken? Ist tilgen zudecken, oder ist zudecken tilgen. Wir fragen also: Was geschieht in der Sündenvergebung?

II

Was geschieht in der Vergebung der Sünden? Wollen wir versuchen, diese Frage zu beantworten, dann müssen wir genau fragen: Was ist die Sünde, wo steckt die Sünde in dem sündigen Tun? Thomas von Aquin sagt dazu etwas Merkenswertes: Das Gute gibt es rein, das Böse gibt es nur am Guten. Was soll das heißen? Es soll heißen: Wegen nichts und wider nichts sündigt der Mensch nicht. In den seltensten Fällen sündigt der Mensch, um Gott zu beleidigen; aber er sündigt, obwohl er Gott beleidigt. Die Sünde, um Gott zu beleidigen, das wäre „die Sünde mit der erhobenen Hand“ – gegen Gott. Das ist selten; der Mensch sündigt wegen eines Gutes. Die Äpfel, von denen Eva aß, waren sicherlich schön und verheißungsvoll. Ein Mann oder eine Frau können zum Ehebruch verleiten; ein Kind aus einem Ehebruch kann ein wunderschönes Kind sein, es ist nicht die leibhaftige Sünde. Gesündigt wird wegen irgendeines Gewinnes, wegen irgendeines Gutes. Dies rechtfertigt aber die Sünde nicht; der Sündige hat kein Recht auf dieses Gut. Nur heißt es dazu: Das ist nicht schlimm. Ohne diese mitgedachte oder mitgesagte Lüge gibt es keine Versuchung: „Keineswegs werdet ihr sterben“, sagt die Schlange zu Eva gegen die Warnung Gottes. Wo ist also in der Sünde das eigentlich Sündige?

Das Sündige in dem sündigen Tun ist der darin enthaltene, in Kauf genommene Widerspruch gegen Gott. Das bedeutet gewiß nicht, bei der Sünde werde geredet, werde Gott sprechend widersprochen. Der Widerspruch gegen Gott liegt in dem Tun selbst, indem der Mensch Ja sagt zu einem Handeln, zu dem Gott Nein sagt. In seinem Handeln bezieht der Mensch eine Stellung, er nimmt als Person, für sich als Person einen Standort ein im Einklang mit Gott oder im Widerspruch gegen Gott. Dies geschieht nicht erst durch die Absicht, mit Gott oder gegen den Willen Gottes zu handeln; Standort bezieht der Mensch schon und unvermeidlich im Tun selbst. Dieser Standort kann nur im Wort beschrieben werden. „Wort“ ist hier nicht eine hauchdünne Realität, sondern der Grundbestand in dem Sich-Verhalten der Person, welche sich letztlich spruchhaft verhält.

In dem Verhältnis der Wirklichkeiten zueinander gibt es

drei, also verschiedene Formen; diese sind Unterschied, Gegensatz und Widerspruch. Ein Unterschied ist zwischen größerer oder kleinerer Kerze auf dem Altar, zwischen großem oder kleinem Tisch, auch zwischen nah und fern. Ein Gegensatz ist zwischen Tisch und Stuhl, zwischen belebt und unbelebt, auch wohl zwischen hell und dunkel. Ganz anderer Art ist der Widerspruch. Widerspruch gibt es nur da, wo Spruch ist, und Spruch gibt es nur, wo Person ist. Kontradiktorisch dagegen sind Aussagen oder Verhaltensweisen, in denen widersprochen wird. Das braucht nicht in Worten zu geschehen. Es ist dasselbe in Wort oder Tat, wenn die Schlange im Paradies sagt: „Keineswegs werdet ihr sterben“, oder wenn Adam und Eva Äpfel von dem verbotenen Baum essen. Der Sprechende oder Handelnde nimmt damit eine Position ein, die nur im Spruch ganz beschrieben werden kann. Unter den Dingen gibt es keinen Widerspruch, wohl aber im Wort. In Wort oder Tat verhält die Person sich selbst. Der Sprechende oder Handelnde nimmt dadurch eine Position ein, er verhält sich selbst. Wer also etwa einen Menschen tötet, nimmt als er selbst eine Position ein, nicht nur im Unterschied und Gegensatz zu Gott, sie muß als Widerspruch gegen den Willen Gottes bezeichnet werden. Daher auch die eindeutigen Entscheidungen, etwa im Gleichnis von den klugen und törichten Jungfrauen: „Amen, ich sage euch: Ich kenne euch nicht“ (Mt 25,11), oder in den Gerichtsreden des Herrn: „Weg von mir, ihr Verfluchten, in das ewige Feuer... Denn ich war hungrig, und ihr habt mir nichts zu essen gegeben“ (Mt 25,41 f). Dies gilt aber auch umgekehrt: „Kommt her, die ihr von meinem Vater gesegnet seid, nehmt das Reich in Besitz, das seit Erschaffung der Welt für euch bereitet ist. Denn ich war hungrig, und ihr habt mir zu essen gegeben“ (Mt 25,39). In dem

Indirekten liegt ein direktes unmittelbares Verhalten zu Gott. Diesen Sinn hat das Wort des heimkehrenden Sohnes: „Vater, ich habe mich gegen den Himmel und gegen dich versündigt" (Lk 15,21). Ganz elementar kommt die Kehrtwendung in der ersten apostolischen Predigt durch Petrus nach der Sendung des Heiligen Geistes zum Ausdruck: „Kehrt um, und jeder von euch lasse sich taufen auf den Namen Jesu Christi zur Vergebung eurer Sünden; dann werdet ihr die Gabe des Heiligen Geistes empfangen" (Apg 2,38).

Was geschieht also in der Sündenvergebung?

In der Sündenvergebung wird das, was das Sündige an der Sünde ist, total getilgt. Nicht werden in gleichem Maß getilgt die Ursachen und die Folgen der Sünde. Nicht die Ursachen werden getilgt: Wenn ein Geiziger beichtet: Ich bin dreimal geizig gewesen, wird ihm das vergeben, er hört damit aber nicht auf, ein Geizhals zu sein; es sei denn, sein guter Vorsatz sei so durchgreifend, daß sein Geiz überhaupt überwunden ist. Die Sünde hat auch Folgen, die böse Begierlichkeit, „die Begierde des Fleisches, die Begierde der Augen, und das Prahlen mit dem Besitz" (1 Joh 2,16); die Neigung zur Sünde kommt aus der Sünde und führt leicht zur Sünde. Darin liegt nicht der Widerspruch gegen Gott, wie er in der sündigen Tat in Kauf genommen, unvermeidlich mitvollzogen wird.

Da das Sündige an der Sünde der Widerspruch gegen Gott ist, ist auch die Lossprechung bei der Beichte nicht ein ohnmächtiger Versuch, gegen die oft brutale Realität der Sünde anzugehen. Lossprechung ist, unter Voraussetzung der stellvertretenden Genugtuung durch Christus, als Spruch die völlig adäquate Form zur Sündentilgung, weil diese selbst wesentlich im Spruch, im spruchhaften Verhalten besteht. Wenn ein Mord durch die gültige Beichte vor Gott vergeben ist, wird der Ermordete dadurch nicht lebendig; wenn eine Abtreibung vergeben ist, wird das Kind auch nicht lebendig. Ist dann die Lossprechung dennoch tilgende Vergebung der Sünde?

III

Dies alles setzt voraus, daß das Sprechen, daß das Wort nicht Ohnmacht ist, sondern Macht. Freilich kann das Sprechen sehr verschiedenes Gewicht haben. Wenn ein Junge am Abend sagt, das Fußballspiel zwischen X und Y sei so oder so ausgegangen, obwohl er es gar nicht weiß, er will es nur als erster gewußt haben, dann ist das eine Lüge, aber sie ist verhältnismäßig harmlos; wen es interessiert, der kann es am nächsten Morgen nachlesen, wie es war. Wenn aber ein Mann zu einer Frau sagt, ich liebe dich, und es ist gar nicht wahr, er will sie nur einmal besitzen, dann ist das eine himmelschreiende Sünde. Denn was der Mensch denkt, wissen wir nicht, wir sehen es ihm nicht an, er muß es uns sagen. Und auf dieses Wort als Selbstaussage muß man sich verlassen können. Daraufhin kann sich ja ein Mensch mit einem anderen für immer verbinden, nicht so sehr in der Tätigkeit, sondern im Sein. Partnerschaften der Tätigkeit gibt es viele, zwischen Rechtsanwälten, Ärzten, oder in einer Fabrik. Fahrer eines Lastwagens können sich im Fahren abwechseln; aber deshalb können sie nicht ihre Frauen tauschen.

Das Wort hat also größtes Gewicht in der Äußerung der Person als Person. Thomas von Aquin sagt: Alles, was man aus Liebe tun kann, kann man auch aus anderen Gründen tun. Ein Mann kann eine Frau so lange beschenken, bis sie sich ihm hingibt, von Liebe braucht da nicht die Rede zu

sein. Darum gehört das redliche, glaubhafte Wort zum Tun hinzu.
Vor Jahrzehnten sollte ich ein Buch beurteilen, ob man es in die Pfarrbücherei stellen könne. Danach erklärte ein Mann einem Mädchen: Ich liebe dich. Daraufhin überließ sich das Mädchen dem Mann mit allem, was es zu vergeben hatte. Dann heirateten sie, sie hatten zwei Kinder; die Frau wurde krank und starb, noch jung an Jahren. Beim Aufräumen fand der Mann ein Tagebuch seiner Frau. Der Mann las und wurde mehr und mehr betroffen. Was schrieb die Frau? Auf sein Wort, „ich liebe dich", habe ich mich ihm überlassen. Ein einziges Mal hat er mir gesagt, ich liebe dich, in all' den Jahren hat er es nicht ein einziges Mal wiederholt, er hat keine Ahnung, wie sehr ich nach diesem Wort dürste. Daraufhin erschoß sich der Mann. Das ändert nichts. Besser man lebt richtig, als falsch zu sterben. Als Aussage der Person von sich selbst ist das Wort unkontrollierbar; gerade hier muß das Wort sein volles Gewicht haben und absolut zuverlässig sein. Wenn Jesus sagt: „Wer meine Gebote hat und sie hält, der ist es, der mich liebt" (Joh 14,21), dann werden damit nicht die Werke an die Stelle der Liebe gesetzt, vielmehr sind die Werke als Früchte des Geistes Zeichen, Erscheinungsformen der Liebe. Die Pharisäer, insofern sie Feinde Christi waren, taten auch etwas; „ihr gebt noch den Zehnten vom Kümmel", sagt Christus; aber er nennt sie Heuchler, weil sie etwas taten, um nicht zu lieben; sie taten etwas, aber sich selbst wollten sie in der Hand behalten. Die Liebe aber, in welcher sich Person an Person hingibt, ist das Hauptgebot: Gott lieben über alles und den Nächsten wie sich selbst. „Für jetzt bleiben Glaube, Hoffnung, Liebe, diese drei; doch am größten unter ihnen ist die Liebe" (1 Kor 13,13).

Das Wort hat seinen Ursprung und seine höchste Form in Gott selbst. Die zweite göttliche Person heißt Sohn, Wort und Bild des Vaters: Sohn als der wesensgleiche und wesenseine Sohn des Vaters, Bild als das volle Abbild des Vaters außer der Vaterschaft; aber auch Wort, in welchem der Vater sich selbst voll ausspricht. „Im Anfang war das Wort, und das Wort war bei Gott, und das Wort war Gott... Und das Wort ist Fleisch geworden und hat unter uns gewohnt" (Joh 1,1.14). Der Sohn, als das Urwort des Vaters, ist in Jesus von Nazaret ein Mensch geworden, und in der Himmelfahrt bleibt er in alle Ewigkeit einer von uns; heilbringend hat er sich mit uns verbunden.
Ein zweites göttliches Wort ist das Wort des Schöpfers. Gott sprach: Es werde, und es geschah. Es ist hoffnungslos, sich die Maße und Vielfalt des Geschaffenen vorzustellen. Wir können Zahlen nennen, aber was sie sagen, können wir uns nicht vorstellen. Das Licht oder der elektrische Strom geht in einer Sekunde 7½mal um die Erde. Schon die Strecke, welche das Licht in einem Jahr zurücklegt, können wir uns nicht mehr vorstellen; am Sternenhimmel gibt es aber Gebilde, die 15 Milliarden Lichtjahre oder noch weiter von uns entfernt sind. Das göttliche Wort ist also nicht ohnmächtig, das Wort, der Gedanke, der Wille Gottes setzt Wirklichkeit. Sie ist so wirklich, daß wir sie nicht vermindern oder vermehren können, nichts können wir völlig vernichten, die Schwelle vom Nichts zum Sein, oder vom Sein zum Nichts, können wir nicht überschreiten. Gegen Gottes Schöpferwort sind wir ohnmächtig.
Im Zusammenhang mit dem göttlichen Wort erlangt auch das menschliche Wort große Bedeutung, kann es große Bedeutung erlangen. Dies trifft vor allem da zu, wo der Mensch sich selbst vor Gott und auf Gott hin ausspricht.

„Ich glaube an Gott, den allmächtigen Vater"; „Dich liebt, o Gott, mein ganzes Herz"; „Ich will dich lieben, meine Stärke." Dahin gehört auch das: „Ich bin bereit" – bei der Weihe oder bei der Ordensprofeß. Wir wissen, daß Gott unsere Liebe mit sich selbst beantwortet; wenn wir uns aufmachen wollen auf den Weg zu ihm, steht er schon an unserer Haustür. „Ich klopfe an, wohl dem, der mir auftut." In der heiligen Kommunion beantwortet Jesus unsere bescheidene Hinwendung zu ihm mit sich selbst.

Aber auch von Mensch zu Mensch hat das Wort seine Bedeutung, kann so große Bedeutung haben. Es war schon die Rede davon, wie verantwortungsvoll das Wort ist: ich liebe dich. Ein Höhepunkt der Bedeutung von Wort ist die Trauung. „Ist es Ihr freier, ungezwungener Wille, diese an Ihrer Seite Stehende als Ihre eheliche Gattin anzunehmen?" Der Gefragte antwortet mit ‚Ja' oder ‚Es ist mein Wille'. In den weiteren Gebeten werden die Brautleute ermahnt und geheißen, sich nie mehr zu trennen, bis sie der Tod scheidet.

Es ist bemerkenswert, daß die Brautleute nach ihrem freien Willen gefragt werden. Der freie Wille ist die Voraussetzung dafür, eine bindende Verpflichtung einzugehen. Denn der freie Wille kulminiert nicht in der Möglichkeit, jederzeit auch zu lassen, was man tut, oder das Gegenteil zu tun. Der freie Wille kulminiert vielmehr in der Möglichkeit und Fähigkeit, sich zu binden. Sich definitiv bindend, ist der Mensch frei. Das setzt freilich einen sorgsamen Umgang mit dem Wort voraus, damit unser Wort nicht nur Gerede ist, sondern auch Selbstmitteilung der Person sein kann.

Es ergibt sich der sorgsame Umgang mit dem Wort. Wir können nicht immer gleich- und höchstgewichtig sprechen; aber wir müssen mit dem vollen Gewicht der Person sprechen können. Das konkretisiert sich für uns jederzeit im Gebet. Wir müssen nur darauf achten, daß wir es im Gebet nicht mit dem Gebet zu tun haben, sondern im Gebetstext mit Gott selbst, im ‚Vater unser' also nicht mit dem Text, sondern im Gebetstext mit Gott selbst. Im Gebet hat jeder Audienz bei Gott, und zwar so, als ob er der einzige wäre. In Rom sah ich, wie der Papst in einem durch Spaliere frei gehaltenen Weg durch die vielen Menschen ging. Von beiden Seiten streckten sich ihm die Hände entgegen, aus der ersten, zweiten und dritten Reihe. Beim Beten steht jeder vor Gott in der ersten Reihe. „Wir kommen vor dein Angesicht." Dessen wollen wir uns bewußt sein, wenn wir jetzt die heilige Messe fortsetzen. Da sind wir ganz gefordert. „Mach' uns zu einer Gabe, die dir wohlgefällt." Amen.

Der Geist des Herrn erfüllt den Erdkreis

Apg 2,1–11; 1 Kor 12,3–7.12–13; Joh 20,19–23

I

Wir feiern das hochheilige Pfingstfest. Der Anlaß ist die Herabkunft und das Bleiben des verheißenen Heiligen Geistes auf der Urgemeinde, auf die 120 Gläubigen; auch Maria war dabei. Pfingsten ist ein eigentümliches Fest; es ist in Gestalt und Gehalt nicht so wie Weihnachten mit dem Kind in der Krippe oder wie Ostern mit dem leeren Grab. Jedoch hat Pfingsten nicht geringere Bedeutung als Weihnachten und Ostern. Denn die Sendung des Geistes durch den Vater und den Sohn ist jenes letzte Handeln des zur Rechten des Vaters erhöhten Herrn Jesus Christus, durch welches seine Heilstat abgeschlossen wird und die Gläubigen instand gesetzt werden, in der nichtchristlichen Welt als Christen zu leben; es ist der gesendete Geist, in welchem jedes christliche Amt Kraft hat und wirksam ist. Die Bezeichnung „Heiliger Geist" ist ja auch nicht so eindeutig wie Vater und Sohn; denn Heiliger Geist ist auch der Vater und der Sohn. Deutlicher wird die Aussage schon, wenn wir den Heiligen Geist als ‚spiritus', als Hauch verstehen, erst recht aber, wenn wir den Heiligen Geist als die personbildende Liebe von Vater und Sohn verstehen. Die Messe des heutigen Tages beginnt so: „Der Geist des Herrn erfüllt den Erdkreis. In ihm hat alles Bestand. Nichts bleibt verborgen vor ihm."

Zeichen gab es allerdings bei der Herabkunft des Heiligen Geistes. „Da kam plötzlich vom Himmel her ein Brausen, wie wenn ein heftiger Sturm daherfährt, und erfüllte das ganze Haus, in dem sie waren. Und es erschienen ihnen Zungen wie von Feuer, die sich verteilten; auf jeden von ihnen ließ sich eine nieder“ (Apg 2,2f). Dies sind Zeichen, weil sie etwas bezeichnen. Der Geist bringt die Menschen in geistliche Bewegung, wie der Sturm die Segelschiffe, und die Feuerflammen kennzeichnen den gesendeten Geist als den Geist der Liebe: „Komm, Heiliger Geist, erfülle die Herzen deiner Gläubigen, und entzünde in ihnen das Feuer deiner Liebe.“ So beten wir um den Heiligen Geist. Aus dem ganzen Neuen Testament reichert sich uns das Bild von dem Wirken des Heiligen Geistes sehr an. Das tun auch die Sequenz des heutigen Tages, die wir gerade gesungen haben, und die Lieder vom Heiligen Geist. Die Sequenz der Messe beginnt so: „Komm, o Geist der Heiligkeit! Aus des Himmels Herrlichkeit sende deines Lichtes Strahl. – Vater aller Armen du, aller Herzen Licht und Ruh', komm mit deiner Gaben Zahl.“ Der Vesperhymnus ist unser Lied: „Komm, Heiliger Geist, der Leben schafft, erfülle uns mit deiner Kraft. Dein Schöpferwort rief uns zum Sein: Nun hauch uns Gottes Odem ein.“

II

Die höchste und größte Wirkung des Heiligen Geistes ist gegeben in der Salbung des Jesus von Nazaret im Heiligen Geist. Schon im Alten Testament wird der verheißene Erlöser Messias, der Gesalbte, genannt. Andreas, zum Apostel berufen, traf seinen Bruder Simon und sagte zu ihm: Wir haben den Messias gefunden. „Messias heißt übersetzt der Gesalbte“ (Joh 1,20), und der Gesalbte heißt vom Griechischen her Christus. In der Synagoge von Nazaret nennt sich

Jesus selbst vom Herrn gesalbt, da er diese Jesajastelle auf sich bezieht: „Der Geist des Herrn ruht auf mir; denn der Herr hat mich gesalbt. Er hat mich gesandt... Dann schloß er das Buch, ... begann ihnen darzulegen: Heute hat sich das Schriftwort, das ihr eben gehört habt, erfüllt" (Lk 4,18.20f).

Jesus ist schon dadurch auf das Höchste begnadet, daß er als Person der ewige, wesensgleiche Gottessohn ist; „das ist mein geliebter Sohn", so hören wir mehrfach die Stimme seines himmlischen Vaters. Erstaunlicherweise kommt auf diesen, so einmalig Begnadeten bei der Taufe im Jordan der Heilige Geist ausdrücklich und zusätzlich herab. Lukas berichtet: „Während er betete, öffnete sich der Himmel und der Heilige Geist kam sichtbar in Gestalt einer Taube auf ihn herab, und eine Stimme aus dem Himmel sprach: Du bist mein geliebter Sohn, an dir habe ich Gefallen gefunden" (Lk 3,21f). Und Johannes der Täufer bezeugte: „Ich sah, daß der Geist vom Himmel herabkam wie eine Taube und auf ihm blieb. Auch ich kannte ihn nicht, aber der, der mich gesandt hat, mit Wasser zu taufen, er hat mir gesagt: Auf wen du den Geist herabkommen siehst und auf wem er bleibt, der ist es, der mit dem Heiligen Geist tauft. Das habe ich gesehen, und ich bezeuge: Er ist der Sohn Gottes" (Joh 1,32–34).

Zur Gnade der Sohnschaft kommt also noch die Gnade der Salbung durch den Heiligen Geist hinzu. Man darf wohl annehmen, daß die Gnade der Sohnschaft mehr das Sein betrifft, die Salbung dagegen mehr die Tätigkeit. Die Taufe im Jordan ist auch der Beginn seiner öffentlichen Tätigkeit; Johannes der Täufer deutet auf ihn: „Seht, das Lamm Gottes" (Joh 1,24). – Bemerkenswert ist auch, daß der Evangelist ausdrücklich betont, indem er es zweimal sagt, daß der

Geist auf ihm blieb. Es wäre daher falsch, das Wirken des Geistes nur als vorübergehende Anstöße zu betrachten, etwa sich berufend auf das Wort des Herrn im Gespräch mit Nikodemus: „Der Wind weht, wo er will; du hörst sein Brausen, weißt aber nicht, woher er kommt und wohin er geht. So ist es mit jedem, der aus dem Geist geboren ist" (Joh 3,8). Gerade mit der höchsten Geistwirkung in Jesus von Nazaret ist nach dem ausdrücklichen Zeugnis der Schrift auch das Bleibende verbunden. Für Jesus ist die Salbung im Heiligen Geist so wichtig und charakteristisch, daß ihre Bezeichnung bald zu dem Namen hinzugefügt wird: Jesus, der Christus, Jesus, der Gesalbte; und kürzer: Jesus Christus oder sogar häufig nur ‚Christus', in der Schrift allein gebraucht. Dabei ist Christus gar kein Name, sondern eine Eigenschaft, eine Qualifikation durch den Heiligen Geist.
Worin zeigt sich das Geistliche, die Geistbestimmtheit in Jesus Christus? Obwohl die Geisterfülltheit seiner öffentlichen, seiner messianischen Tätigkeit dient, beginnt Jesus nach der Geistsendung gar nicht gleich mit seiner öffentlichen Lehrtätigkeit, er geht vielmehr zu seinem 40tägigen Fasten in die Wüste. Bei Matthäus heißt es ausdrücklich: „Dann wurde Jesus vom Geist in die Wüste geführt; dort sollte er vom Teufel versucht werden" (Mt 4,1). Der 40tägige Aufenthalt in der Wüste ist also gar nicht ein Aufschieben seiner öffentlichen Tätigkeit, vielmehr gehört der Wüstenaufenthalt dazu, er ist wesentliche Vorbereitung. Christus brauchte keine Predigten vorzubereiten; wohl aber konnte er sich unter Fasten sammeln, entschließen, in allem den Willen des sendenden himmlischen Vaters zu erfüllen. Dieser Wille des himmlischen Vaters verlangte ja seine zunehmende Selbstentäußerung bis zum Ölberg: „Meine Seele ist zu Tode betrübt... Mein Vater, wenn es möglich ist, gehe

dieser Kelch an mir vorüber. Aber nicht wie ich will, sondern wie du willst" (Mt 26,38f). Der Kelch ging nicht vorüber. Gleich folgt der Verrat durch einen Apostel, und sein Leiden beginnt bis hin zur Kreuzigung: „Mein Gott, mein Gott, warum hast du mich verlassen?" (Mt 27,46)

Gewiß hätte sich Christus wirksam seiner Feinde erwehren können; jedoch er tat es nicht, weil es nicht dem Willen des himmlischen Vaters entsprochen hätte, sich selbst zu helfen; anderen wohl, aber nicht sich selbst. Seine Feinde urteilten falsch, indem sie sagten: Er kann sich nicht helfen; denn könnte er sich helfen, dann würde er sich helfen. Menschlich ist das auch zu erwarten. Aber die innere Gesetzlichkeit des geistlichen Lebens ist offenbar anders. Hier gilt nicht nehmen, sondern empfangen. An Christus ist es zu sehen: Christus nimmt sich gar nichts, er will nur empfangen. Und viel später, als man erwarten konnte, nach Leiden und Kreuzestod, empfängt er nun auch mehr als man erwarten, als man ausdenken kann. Mit seiner verklärten Menschheit ist er zur Rechten des Vaters, von wo er kommen wird, zu richten die Lebenden und die Toten. Beim letzten Abendmahl hatte der Herr gebetet: Vater, „ich habe dich auf der Erde verherrlicht und das Werk zu Ende geführt, das du mir aufgetragen hast. Vater, verherrliche du mich jetzt bei dir mit der Herrlichkeit, die ich bei dir hatte, ehe die Welt war" (Joh 17,4). Dies ist genau die Struktur des geistlichen Lebens: Nicht nehmen, sondern empfangen. „Aus seiner Fülle haben wir alle empfangen, Gnade über Gnade" (Joh 1,16). Dazu gehört freilich die Überzeugung, daß Gott uns nicht enttäuscht. „Wir verkünden ... was kein Auge gesehen und kein Ohr gehört hat, was keinem Menschen in den Sinn gekommen ist: Das Große, das Gott denen bereitet, die ihn lieben" (1 Kor 2,9).

III

Die zweite große Geistsendung ist jene, derer wir heute feiernd gedenken; es ist die Herabkunft des Heiligen Geistes auf die Urgemeinde. Diese Geistsendung ist eine wesentliche Frucht der Erlösungstat Christi. Die Sendung des Geistes war den Jüngern mit aller Deutlichkeit und zum Trost verheißen. „Ich werde den Vater bitten, und er wird euch einen anderen Beistand geben, der für immer bei euch bleiben soll. Es ist der Geist der Wahrheit, den die Welt nicht empfangen kann... Der Beistand aber, der Heilige Geist, den der Vater in meinem Namen senden wird, der wird euch alles lehren und euch an alles erinnern, was ich euch gesagt habe" (Joh 14, 16f.26). Ähnlich heißt es im 16. Kapitel bei Johannes: „Es ist gut für euch, daß ich fortgehe. Denn wenn ich nicht fortgehe, wird der Beistand nicht zu euch kommen; gehe ich aber, so werde ich ihn zu euch senden" (Joh 16,7).
Der gesendete Geist lenkt nicht von Christus ab, und Pfingsten wird nicht gefeiert, damit auch der Heilige Geist einmal zur Geltung kommt; der Geist lenkt vielmehr auf Christus hin, und er verherrlicht dadurch Christus. In die ganze Wahrheit von Christus mußten die Jünger noch eingeführt werden. Von der Himmelfahrt ihres Herrn waren die Jünger in Freude nach Jerusalem zurückgekehrt; denn sie hatten erlebt, sie hatten gesehen, daß der Gekreuzigte nicht untergegangen, sondern für ewig verherrlicht war. Wie es weitergehen sollte, wußten sie noch nicht; sie hatten kaum eine rechte Vorstellung von der Bedeutung des Kreuzestodes als der großen, überreich fruchtbaren, messianischen Tat des Jesus von Nazaret. Dies wird ihnen in der Herabkunft des Geistes voll bewußt, denn der Geist lehrt sie dies

alles. Wenn sie gleich beginnen, „Gottes große Taten" zu verkünden (Apg 2,11), dann ist da nicht etwa die Schöpfung gemeint, sondern die Erlösung im Leben und Sterben Christi als Großtat, wie sie Menschen freilich nicht ausgedacht hatten.

Es darf nicht vergessen werden, daß die noch kleine Urgemeinde durch die Herabkunft des Heiligen Geistes Kirche wird, die komplette Kirche Jesu Christi. Denn die Kirche Jesu Christi ist nicht etwa dadurch entstanden, daß christliche Gemeinden sich gegenseitig anerkannten und sich schließlich zusammengeschlossen hätten, wie Gesangvereine sich schließlich zu einem Sängerbund zusammenschließen können. Die Kirche ist ganz anders entstanden, nämlich dadurch, daß Christus sich selbst als Haupt konstituierte, und also Leib hat, und dadurch, daß er den Geist als bleibenden Beistand sendet. Die Himmelfahrt ist die unmittelbare Frucht des Todesgehorsams Christi für seine Menschheit; die Sendung und das Bleiben des Heiligen Geistes ist die unmittelbare Frucht der Erlösungstat Gottes für uns. Darum rundet die Geistsendung die Erlösungstat ab, die wir an Weihnachten, Karfreitag und Ostern schon gefeiert haben. Nach Pfingsten folgt im Kirchenjahr „die Zeit im Jahreskreis". Die Feste, welche wir in dieser Zeit feiern, sind von Fronleichnam bis Allerheiligen einzelnen Inhalten der Erlösungstat, die mit der Geistsendung abgeschlossen ist, gewidmet. Am ersten Sonntag nach Pfingsten feiern wir die Heiligste Dreifaltigkeit als das Geheimnis des göttlichen Seins und Lebens und den Urgrund des gesamten göttlichen Handelns nach außen.

Was bei der Herabkunft des Geistes der ganzen Urgemeinde zuteil wird, das wird bei der Bekehrung dem einzelnen zuteil, und dies wird in der Urkirche vielfach auch erfahren. In der Apostelgeschichte haben wir mehrere Zeugnisse dafür, daß dem Getauften auch der Heilige Geist zuteil wird. Als die Apostel in Jerusalem hörten, „daß Samarien das Wort Gottes angenommen hatte, schickten sie Petrus und Johannes dorthin. Diese zogen hinab und beteten für sie, sie möchten den Heiligen Geist empfangen; denn er war noch auf keinen von ihnen herabgekommen, sie waren nur auf den Namen Jesu, des Herrn, getauft. Dann legten sie ihnen die Hände auf, und sie empfingen den Heiligen Geist" (Apg 8,14–17). Hier ist schon ganz deutlich, daß die Taufe noch nicht in jedem Sinn und Ausmaß Geistmitteilung ist. – Auch für uns ist es erstaunlich, daß der Heilige Geist auf den heidnischen Hauptmann Cornelius noch vor seiner Taufe herabkam. Auf Grund einer Vision hatte der Hauptmann Boten zu Petrus geschickt; Petrus kam auch und sprach den Versammelten von Jesus Christus. „Noch während Petrus dies sagte, kam der Heilige Geist auf alle herab, die das Wort hörten. Die gläubig gewordenen Juden, die mit Petrus gekommen waren, konnten es nicht fassen, daß auch auf die Heiden die Gabe des Heiligen Geistes ausgegossen wurde" (Apg 10,44). Danach ließ sie Petrus taufen, „denn man könne denen die Taufe nicht versagen, die wie sie die Gabe des Heiligen Geistes empfangen hätten". In Jerusalem mußte sich Petrus vor den Judenchristen rechtfertigen. Er konnte es, und sie beruhigten sich. Die Erkenntnis setzte sich durch, daß der christliche Glaube nicht eine Art jüdischer Sekte ist, daß den Heiden nicht über das Judentum, sondern direkt der Glaube als „Umkehr zum Leben" geschenkt wurde.

Auch von Paulus wird berichtet, daß er zum Christwerden den Empfang der Geistesgaben rechnet. Bei seiner dritten Missionsreise findet er in Ephesus Gläubige, die ihm irgendwie auffallen, so daß er sie fragt: „Habt ihr den Heiligen Geist empfangen, als ihr gläubig wurdet?" (Apg 19,2). Sie sagen, sie hätten nie etwas vom Heiligen Geist gehört; es stellt sich heraus, daß sie nur die Johannestaufe empfangen haben, die sich also bis nach Kleinasien hin ausgebreitet hatte. Sie ließen sich auf den Namen Jesu taufen. Paulus selbst legte ihnen die Hände auf, „und der Heilige Geist kam auf sie herab, sie redeten in Zungen". Auch hier zeigt sich, daß Taufe und Geistmitteilung, daß Taufe und Firmung nicht dasselbe sind; es sind ja verschiedene Zeichen. – Wie sehr der Geistempfang zum Christwerden hinzugerechnet, als charakteristisch betrachtet wurde, zeigt die erstaunliche Tatsache, daß man die Jünger Jesu bald Christen, „Gesalbte" nannte, und nicht etwa, was nahe gelegen hätte, „Jesuaner". Die Apostelgeschichte berichtet es ganz ausdrücklich: „In Antiochia nannte man die Jünger zum ersten Mal Christen" (11,26). Und als Paulus nach seiner Verhaftung in Caesarea vor dem römischen Statthalter Festus und dem König Agrippa seinen Christenglauben darlegt, sagt der König Agrippa zu Paulus: „Fast überredest du mich dazu, mich als Christ auszugeben" (Apg 26,28). „Christ" war ja zunächst kein Name; Christ hieß „Gesalbter", ein im Heiligen Geist Gesalbter. Das gibt uns sehr zu denken. Die Priester wurden, früher wenigstens, vielfach „Geistliche" genannt; aber Christ heißt auch „Geistlicher". Wie steht es damit, wie steht es mit uns?

IV

Wie denkt, wie lebt nun der Christ als Geisterfüllter? Häufig lesen wir im Zusammenhang mit der Geistsendung von der Danksagung und dem Lobpreis Gottes. So heißt es schon von der ersten Herabkunft des Geistes, daß die Jünger die Großtaten Gottes, in der Erlösung nämlich, verkündeten. „Darum frohlockt der ganze Erdkreis in österlicher Freude", heißt es in der Pfingstpräfation. Dieser Lobpreis beruht darauf, daß in dem gesendeten Geist erkannt wird, daß Christus am Kreuz nicht etwa unterlegen ist, sondern gesiegt hat, daß Christus selbst dem Tod überlegen ist, nicht indem er ihm auswich, sondern indem er, den Tod durchkostend, den Tod verwandelt hat. Im Geist wird erkannt, daß Christus auch in unserer Zeit und in uns wirksam ist, freilich in einer Weise, die von der weltlichen Welt nicht leicht erkannt wird. Immerhin fiel der Christ am Anfang schon dadurch auf, daß er nicht verzweifelt, sondern von einer festen Hoffnung erfüllt ist. „Seid stets bereit, jedem Rede und Antwort zu stehen, der nach der Hoffnung fragt, die euch erfüllt" (1 Petr 3,5). Hoffnung bedeutet dabei nicht, alle christlichen Verheißungen würden nur der Zukunft gelten. Es gibt auch die gegenwärtigen Formen und Früchte der Erlösung. Indem diese im Heiligen Geist wahrgenommen werden, ist der Geist der Geist der Hoffnung und des Trostes. Der himmlische Vater ist „der Vater des Erbarmens und der Gott allen Trostes. Er tröstet uns in all unserer Not, damit auch wir die Kraft haben, alle zu trösten, die in Not sind durch den Trost, mit dem auch wir von Gott getröstet werden" (2 Kor 1,3 f). Daher singen wir: „Der du der Tröster wirst genannt, vom höchsten Gott ein Gnadenpfand; du Lebensbrunn, Licht, Lieb' und Glut, der Seele

Salbung, höchstes Gut. O Schatz, der siebenfältig ziert; o Finger Gottes, der uns führt, Geschenk, vom Vater zugesagt, du, der die Zungen reden macht."

Der Schatz, der siebenfältig ziert, das sind die sieben Gaben des Heiligen Geistes. Von den sieben Gaben des Heiligen Geistes sprechen wir im Anschluß an eine Stelle bei dem Propheten Jesaja, in welcher dieser den kommenden Messias beschreibt durch den Geist der Weisheit und des Verstandes, des Rates und der Stärke, den Geist der Erkenntnis, der Frömmigkeit und der Furcht des Herrn (vgl. Jes 11,2). Es sind also Gaben der Einsicht in das Handeln und die Handlungsweise Gottes, der Geduld aus Stärke und der Frömmigkeit, was nicht nur bedeutet, viel beten, sondern auch mit Gott rechnen. Gott wirkt auch mit Macht, aber nicht aufdringlich. Es gehört ein wacher Sinn dazu, das Wirken Gottes zu erkennen; diesen Sinn hat die weltliche Welt nicht, darum bestreitet sie Gottes Wirken. Der am Ufer des Sees stehende Jesus konnte als Gespenst erscheinen; Johannes erkannte ihn: „Es ist der Herr" (Joh 21,7). Der Geist ist ja nicht etwa Gescheitheit, sondern Frömmigkeit. Das Gegenteil des Geistes ist nicht die Dummheit, sondern die Torheit. „Die Toren sagen in ihrem Herzen: Es gibt keinen Gott" (Ps 14,1). Es ist nicht entwürdigend, wenn man meint, Maria sei nicht gescheit gewesen; aber sie war weise: „Du Sitz der Weisheit, du Kelch des Geistes, du Ursache unserer Freude", wie wir Maria in der Lauretanischen Litanei bezeichnen.

Die Gaben des Geistes sind nötig, um die Wirklichkeit, um die Werte zu erkennen, ganz besonders deshalb, weil die gegenwärtigen Formen der Erlösung in der Gleichgestaltung mit dem irdischen Jesus bestehen, einschließlich seines Todes. Wer konnte seinem Tod ansehen, welche Bedeutung er hat! Die Dinge, die Werte und die Unwerte, stellen sich nicht von selbst in ihrem Gewicht dar; das Gute ist viel besser als es scheint, das Böse ist viel böser als es scheint. Der Geist aber harmonisiert nicht; er verkleinert nicht etwa die Gegensätze oder Widersprüche, er deckt sie vielmehr auf, auch in ihrer Indirektheit. Ich war hungrig, ihr aber habt mich gespeist; denn was ihr dem geringsten meiner Brüder getan habt, das habt ihr mir getan. Wer hätte das gedacht!

Der Geist deckt auf, daß es weitreichende Zusammenhänge gibt: das Reich, zwei Reiche, das Reich Gottes und das Reich des Antichrists. Die Botschaft Christi ist weitgehend die Botschaft vom Gottesreich, das in ihm selbst ein für allemal in der Welt ist. Dieses Reich ist keine starre Größe, es kann und soll wachsen, es kann aber auch abnehmen. „Zu uns komme dein Reich." Jesus zog in Galiläa umher, er verkündete „die Botschaft vom Reich" (Mt 4,23). Vom Gottes- oder Himmelreich handeln zahlreiche Gleichnisse, das Gleichnis vom Sauerteig, vom Senfkorn, von der kostbaren Perle, vom Schatz im Acker. „Das Reich Gottes kommt nicht so, daß man es an äußeren Zeichen erkennen könnte. Man kann auch nicht sagen: Seht, hier ist es!, oder: Dort ist es! Denn das Reich Gottes ist mitten unter euch" (Lk 17,20f). Das Reich des Antichrists besteht gleichzeitig. Es ist dem Reich Gottes unterlegen und muß unterliegen; aber es besteht bis zuletzt, es bäumt sich – nach der Geheimen Offenbarung und nach den Worten des Herrn – zuletzt noch gewaltig auf, so daß die Guten irre werden könnten; doch um ihretwillen wird jene Notzeit verkürzt (vgl. Mt 24,22).

Mit der Gleichzeitigkeit dieser beiden, sich einander ausschließenden Reiche entstehen neue, scharfe, sich einander anschließende Kontraste, Konfrontationen. Schon der greise Simeon bezeichnet das kleine Jesuskind auf dem Arm der Mutter als ein Zeichen, dem widersprochen wird, an ihm kann man zu Fall kommen. Johannes der Täufer spricht von der Schlangenbrut, Jesus zuletzt zu seinen Gegnern: Ihr Heuchler; und von Jerusalem: Wie oft wollte ich dich sammeln; allein, du hast nicht gewollt. Indem in Jesus Christus das Gottesreich in reinster Form da ist, wird auch der Widerspruch deutlich, die Kontraste: Torheit – Weisheit, Finsternis – Licht, Welt – Geist, alter Mensch – neuer Mensch, Leben – Tod. Dabei ist Welt nicht etwa Schöpfung; Welt sind auch nicht die Dinge, Welt ist vielmehr weltliches Denken, der die Welt, sich selbst und Gott mißverstehende Mensch. „Weil ihr nicht von der Welt stammt, sondern weil ich euch von der Welt erwählt habe, darum haßt euch die Welt" (Joh 15,19). Natürlich leben sie noch in der Welt, aber sie sind nicht mehr von der Art der Welt. Christus ist Licht vom Licht; sein Licht leuchtet in der Finsternis, und wer ihm nachfolgt, wandelt nicht in der Finsternis. Christus nennt den Glaubensanschluß an ihn eine Neugeburt; wer ihm glaubt, hat „das ewige Leben", er ist aus dem Tod ins Leben „hinübergegangen" (Joh 5,24). Denn Gnade ist Leben, ewiges Leben, das auch der Tod nicht töten kann.

Das Pfingstfest ist ein Siegesfest, nicht so, als ob es keinen Kampf mehr gäbe; aber wie er ausgeht, das ist entschieden. Denn mit Gott gibt es keinen Untergang. Der Schlange im Paradies wird gesagt, daß ihr der Kopf zertreten wird, und das Babylon des Antichrists wird nach der Apokalypse „im Feuer verbrennen"; „denn stark ist der Herr, der Gott, der sie gerichtet hat" (Offb 18,8). – „Der Geist des Herrn erfüllt den Erdkreis", so singen wir am heutigen Tag. Man kann jedoch dem Geist widerstehen, der Geist braucht keine Gewalt. „O Finger Gottes, der uns führt", singen wir im Lied vom Heiligen Geist. Ein Kind kann man am Finger nur führen, wenn es sich führen lassen will. Das wollen wir, wir wollen uns vom Geist führen lassen, damit wir alle wirklich Christen, im Geist Gesalbte sind. Dann können wir sogar über unsere Erwartungen hinaus erfahren, daß wahr und wirklich ist: „*Spiritus Domini replevit orbem terrarum*" – „der Geist des Herrn erfüllt den Erdkreis." Amen.

Die Hoffnung läßt nicht zugrunde gehen
Röm 5,5

„Gerecht gemacht aus Glauben, haben wir Frieden mit Gott durch Jesus Christus, unseren Herrn. Durch ihn haben wir auch den Zugang zu der Gnade erhalten, in der wir stehen, und rühmen uns unserer Hoffnung auf die Herrlichkeit Gottes. Mehr noch, wir rühmen uns ebenso unserer Bedrängnis; denn wir wissen: Bedrängnis bewirkt Geduld, Geduld aber Bewährung, Bewährung Hoffnung. Die Hoffnung aber läßt nicht zugrunde gehen; denn die Liebe Gottes ist ausgegossen in unsere Herzen durch den Heiligen Geist, der uns gegeben ist“ (Röm 5,1–5).

I

Die Lesung, die wir gehört haben, ist ein eindrucksvolles Zeugnis für die Hoffnung als ein wesentliches und für den Christen kennzeichnendes Element schon in dieser Zeit und Welt. Es ist gewiß nicht das einzige Zeugnis der Schrift für die Hoffnung des Christen. Das Hohe Lied der Liebe im 1. Korintherbrief schließt: „Für jetzt bleiben Glaube, Hoffnung, Liebe, diese drei; doch am größten unter ihnen ist die Liebe“ (1 Kor 13,13). Im Epheserbrief heißt es von dem Leben der Heiden: „Ihr hattet keine Hoffnung und lebtet ohne Gott in der Welt“ (Eph 2,12). Dies ist die Kennzeichnung der christlichen Hoffnung, sie ist mit dem Glauben, erst mit dem Glauben gegeben. Daher: ohne Gott, und darum ohne Hoffnung; Glaube an Gott, Glaube an Christus, und darum auch Hoffnung, unerschütterliche Hoffnung, die nicht enttäuscht wird. Von Abraham heißt es: „Gegen alle Hoffnung hat er voll Hoffnung geglaubt, daß er der Vater vieler Völker werde“ (Röm 4,18).

Es ist dann nicht selbstverständlich, daß der Mensch eine solche Hoffnung hat. Der Mensch ist das rätselhafteste Wesen, das wir kennen. Eine Unsumme höchst komplizierter physikalischer, chemischer und biologischer Prozesse läuft in ihm ab, wie wir sie auch sonst beobachten. Aber der Mensch ist mehr als das Ergebnis dieser Vorgänge. Der Mensch lebt nicht nur, er will auch einen Sinn für sein Leben haben. Anders kann er nicht zufrieden leben.

Dieser Sinn liegt nicht auf der Hand; er muß gefunden werden. Wir alle wissen, wie verschieden die Frage nach dem Sinn des Lebens beantwortet wird. Irgendeine Vorstellung davon hat aber jeder Mensch. Man braucht nur ein freies Wochenende vor sich zu haben; schon entsteht die Frage, wie man es sinnvoll ausfüllt. Und wenn das gelingt, wenn man Freude gehabt und sich erholt hat, so sprechen wir davon, daß wir Glück gehabt haben. Es hätte auch anders gehen können.

Dem Menschen geht es aber nicht nur um ein gelungenes Wochenende, sondern es geht um ihn selbst, um sein ganzes Leben. Wie soll ich mein Leben deuten? Dazu gehört ja nicht nur die Frage, was ich bin, sondern auch, was ich tue. Und nicht nur das, sondern auch, was mir widerfährt, was ich erleide. Nicht nur, was ich erleide, auch, was anderen widerfährt, Verwandten und Bekannten. Schließlich muß alles in die Frage nach dem Sinn des Lebens einbezogen werden, das unermeßliche Leid in aller Welt, Hunger und Kummer, Krankheit und Sterben. Wir sind aber nicht nur der Natur ausgeliefert, wie etwa bei der Hungerkatastrophe in Afrika, sondern wir erleben auch, was der Mensch dem

Menschen antut. Enttäuschung, Ungerechtigkeit, Bosheit, Gewalttätigkeit, und nicht zu vergessen das Unrecht, das wir selbst tun. Was soll der Mensch also von sich denken? Besteht seine einzige Zuversicht darin, daß er sich auf den Zufall, auf das Glück verläßt. Aber ist das Zuversicht, Hoffnung? Christliche Hoffnung ist das nicht. Von ihr soll jetzt gesprochen werden.

Der christliche Glaube schließt die Frage nach dem Sinn des menschlichen Lebens nicht aus, sondern er stellt diese Frage ausdrücklich. Der Glaube lebt nicht von der Verharmlosung der uns bedrängenden Fragen, eher von ihrer Verdeutlichung und ihrer Verschärfung. Wir sind den Ereignissen ausgeliefert und wissen uns keinen Rat. Erst recht kommen wir von uns aus mit dem Tod nicht zurecht. Der Glaube nimmt diese Frage ganz ernst.

Wenn man das aber tut, so kann man die Frage nach dem Sinn des Lebens nicht etwa so bewältigen wollen, daß man einfach eine pessimistische Weltbetrachtung durch eine optimistische ersetzt. Beides ist dem Christentum fremd: sowohl die Meinung, dem Menschen sei doch nicht zu helfen, wie auch die Meinung, es werde schon alles gut werden. Die christliche Antwort baut nicht auf Spekulationen, was einmal sein wird, sondern sie baut auf Fakten. Es ist etwas geschehen in unserer Menschenwelt; Gott hat sich der Menschen angenommen. Die Menschwerdung des Gottessohnes bedeutet zumindest, daß nicht mehr davon die Rede sein kann, Menschsein sei von vornherein sinnlos.

II

Bevor wir aber auf diese christliche Antwort eingehen, müssen wir feststellen, daß sich die Frage nach dem Sinn des Lebens noch einmal verschärft, wenn wir den Menschen als Geschöpf Gottes betrachten sollen. Kann das stimmen, daß dieser Mensch mit dieser seiner Welt und seinem Leben das Werk eines gütigen und allmächtigen Gottes ist, der sprach: „Es werde", „und so geschah es", wie die Bibel berichtet? Ist der Mensch die Krönung der Schöpfung, die von der Bibel als „sehr gut" bewertet wird? Angesichts der Bedrängtheit des Menschen stellt sich nicht so sehr die Frage, ob es Gott gibt, sondern, was Gott in seiner Allmacht und Güte eigentlich für den Menschen tut. Diese Frage müssen wir uns stellen und zunächst einmal aushalten, bevor wir schnell mit einer Antwort kommen.

Der christliche Glaube macht sich die Antwort auf die Frage nach dem Menschen nicht leicht. Er kann diese Frage nicht mit einem Satz aus der Welt schaffen. Er kann auch nicht alle Fragen beantworten, die sich stellen. Aber die Antwort des Christentums soll doch soviel leisten, daß der Glaube der Gläubigen kein unsicheres Meinen ist, sondern die festbegründete und allen Fragen standhaltende christliche Hoffnung, daß dieser Mensch zu einer unverlierbaren Vollendung kommen soll, die alles Sehnen des Menschen erfüllt, ja unausdenkbar übersteigt.

Diese Antwort setzt aber zunächst weitere Aussagen voraus, die kurz genannt werden müssen, und von denen wir ausgehen, ohne sie hier im einzelnen entfalten zu können.

Erstens: Der Mensch ist Gottes Geschöpf; und das nicht in dem allgemeinen Sinn, wie er für die ganze Welt zutrifft, sondern in einem besonderen Sinn. Jeder einzelne Mensch ist von Gott gewollt und geliebt. Gott will, daß er ist, als Person einmalig und unvertauschbar. Der Mensch kommt nicht nur von Gott her, d. h. durch Gottes Willen, sondern er ist auch auf Gott bezogen und kann nur in dieser Bezogenheit auf Gott den Sinn seines Lebens finden. Diese Bezogenheit auf Gott, die der Mensch nicht abschütteln, die er aber verleugnen oder übersehen kann, wird im Glauben ausdrücklich anerkannt.

Zweitens: Die Anerkennung, daß der Mensch auf Gott bezogen ist, muß im Leben realisiert werden. Deshalb ist die Liebe das christliche Hauptgebot. Die Liebe zu Gott ist die Antwort des Menschen darauf, daß Gott zuerst den Menschen liebt. In der Liebe zu dem Menschen wird anerkannt, daß jeder Mensch als ein von Gott Geliebter eine uns verpflichtende und von uns aus zu respektierende Würde hat. Der Mensch, der als Person zur Antwort auf Gottes Liebe aufgerufen ist, kann diese Antwort zwar verweigern. Er kann es aber nicht ungeschehen machen, daß er zur Liebe aufgerufen ist. Er müßte sonst aufhören, Mensch zu sein.

Drittens: Der Mensch in seiner Verhaftung an diese Welt ist nicht das ungetrübte Abbild, das ungestörte Ergebnis des Schöpferwillens Gottes, vielmehr sagt der Glaube, daß mit dem Menschen etwas nicht stimmt. Darin sind sich fast alle einig, daß das Leben so, wie es jetzt ist, nicht einfach zu bejahen sei. Alle wollen es verbessern, auch die Christen. Nicht einig ist man sich aber in der Auskunft, was denn mit dem Menschen nicht stimmt. Wir sagen: Es stimmt etwas nicht im Menschen, weil und insofern er der Sünde verhaftet ist. In der Sünde leugnet der Mensch seine grundlegende Bezogenheit auf Gott und sucht sein Heil woanders, wo er es aber nicht finden kann, weil es dort nicht ist. Für den Menschen als Ebenbild Gottes gibt es das Heil nur in Gott.

Sucht er die Erfüllung seiner selbst neben Gott oder gegen Gott, so hört er zwar nicht auf, Mensch zu sein, aber er verfehlt sich selbst. Der Sünder bleibt ja ein Mensch, aber es fehlt ihm, was dem Menschsein den letzten Sinn gibt. Die Schrift kann das auch das neue Leben nennen. Dabei muß beachtet werden, daß man nicht ohne weiteres sagen kann, was in der Gesamtwirklichkeit des Menschen Zeichen und Folge der Sünde und was Zeichen der Vorläufigkeit ist. Die Vorläufigkeit, in der der Mensch lebt, bringt Belastungen eigener Art mit sich, die nicht ohne weiteres mit Sünde in Verbindung gebracht werden können. Jesus Christus hat jedenfalls angesichts eines Blindgeborenen die Frage der Jünger zurückgewiesen, wer denn nun gesündigt habe, der Blinde oder seine Eltern. Jesus sagt: „Weder er, noch seine Eltern haben gesündigt" (Joh 9,3).

Viertens muß man bedenken, daß die Erlösung in Christus, in welcher uns mehr zuteil wird als wir in Adam verloren haben, in dieser Welt die Gestalt des irdischen Jesus hat, im Jenseits die Gestalt des verherrlichten Jesus. Dies führt zu einem seltsamen Zusammentreffen in demselben. Die Leiden der Erdenzeit und der Tod sind einerseits Zeichen und Folge der Sünde: „Der Lohn der Sünde ist der Tod" (Röm 6,23). Es gilt aber auch: „Christus will ich erkennen und die Macht seiner Auferstehung und die Gemeinschaft mit seinen Leiden; sein Tod soll mich prägen" (Phil 3,10). Offenbar kann dasselbe verschieden akzentuiert, qualifiziert werden. Im Extrem: Man kann den Tod der Sünde sterben, man kann den Tod der Verähnlichung mit Christus sterben.

Wir gehen also davon aus: Der Mensch ist unaufhebbar auf Gott bezogen; er muß diese Bezogenheit in seinem Leben realisieren, indem er nach dem Hauptgebot der Liebe lebt; durch die Sünde ist mit dem Menschen etwas in Unordnung geraten. Mit diesen Voraussetzungen fragen wir nun erneut, welche Antwort der christliche Glaube auf die Frage nach dem Sinn menschlichen Lebens zu geben vermag, wie also christliche Zuversicht begründet werden kann.

III

In Jesus von Nazaret ist uns das ewige Heil erschienen und durch das Kreuz als Erlösungstat zuteil geworden. Er ist der Christus, der Gesalbte des Herrn, gesendet vom Vater, das Heil für alle Menschen zu verkünden. Mehr noch: Er selbst ist das Heil, der Erlöser, der Retter und Heiland. Er hat uns ein Beispiel gegeben, indem er den Willen des himmlischen Vaters erfüllte und so inmitten dieser Welt das Reich Gottes aufrichtete. Er hat sich aber auch mit allen Menschen verbunden. Er ist das neue Haupt der Menschheit, ja, der ganzen Schöpfung. Indem er sich zum Haupt der sündigen Menschheit macht, nimmt er ihr ihre Schuld ab, nimmt sie auf sich und stirbt den Tod der Hinrichtung am Kreuz. So gibt er in vorbehaltlosem Gehorsam sein Leben – und darin sich selbst – dem Vater hin. Damit tilgt er die Schuld der Menschheit; er stirbt für uns. In der Radikalität seines Gehorsams richtet er zugleich auch das Reich Gottes auf; er erfüllt in sich als dem Haupt die Hinordnung der Menschheit auf Gott, den Vater.

Seine Auferstehung zum ewigen Leben ist dann das Zeichen, daß es in der Hinordnung auf Gott keinen Untergang gibt. Seine Auferstehung ist als endgültige Überwindung des Todes auch Zeichen und Anfang der Vollendung für uns. Er ist der Erste der Auferstandenen. Weil er uns mit sich verbunden hat, sollen auch wir mit ihm auferstehen; aber auch jetzt schon sollen wir als Christen in einem neuen

Leben wandeln. So ist Christi Tod und Auferstehung die Mitte des christlichen Glaubens, der unerschütterliche Grund christlicher Hoffnung und Zuversicht. Denn er hat sich mit uns verbunden, so daß wir mit ihm verbunden sind, wenn wir diesen Glauben anerkennen. Die Heilige Schrift gibt uns dafür Bilder: Er ist das Haupt, wir die Glieder; er ist der Weinstock, wir die Rebzweige. „Wer in mir bleibt, und in wem ich bleibe, der bringt reiche Frucht; denn getrennt von mir könnt ihr nichts tun", heißt es im 15. Kapitel des Johannes-Evangeliums.

In Christus, der Mensch geworden und Gottes Sohn ist, haben wir aber den heilshaften Zusammenhang mit dem Vater, dem Ursprung und Ziel aller Geschöpfe, erlangt. Darin ist christliche Zuversicht begründet; denn Gott selbst ist nicht bedroht, er kann sich nicht verfehlen, weil bei Gott allein mit dem Sein zugleich der Sinn gegeben ist. Daher ist Gott unstörbar selig im Leben von Vater, Sohn und Heiligem Geist; er allein ist die unstörbar heile Wirklichkeit.

In Christus aber begibt sich Gott in unsere Not, damit wir in ihm an der Seligkeit Gottes Anteil erlangen. So wird Gott als unstörbar heile Wirklichkeit für uns zum unerschütterlichen Grund unserer Hoffnung auf eine gnadenhafte, unüberbietbare Vollendung unseres Lebens.

Der christliche Glaube sagt also, daß die Vollendung des Menschen im ewigen Leben besteht, dessen Zeichen die Auferstehung von den Toten ist. Da könnte nun der Eindruck entstehen, die christliche Hoffnung bestehe ausschließlich in der Verheißung eines jenseitigen Lebens. Dies sei zwar eine große Hoffnung, aber eben nur eine Hoffnung. Dann wäre unser Leben hier unverändert. Das ist jedoch ein großes Mißverständnis. Denn mit dem Anschluß an Christus, von dem wir das ewige Heil erwarten, tritt für uns jetzt schon eine durchgreifende Veränderung ein. Christus ist nach dem Neuen Testament für den Gläubigen Wahrheit, Licht, Brot, Weg und Leben für unser jetziges Leben. Im Glauben sind wir nach den Worten der Schrift „aus der Finsternis in sein wunderbares Licht gerufen" (1 Petr 2,9), wir sind „aus dem Tod ins Leben hinübergegangen" (1 Joh 3,14).

Dies ist aber nicht eine pure Jenseitshoffnung. Denn mit dem Glauben an Christus leuchtet zugleich auf, was Christus für uns ist und tut, daß er nämlich jetzt schon für uns erhellter Weg und ewiges Leben ist, wenn wir von ihm den Sinn für unser Leben erwarten. Mit diesem Bewußtsein werden dem Gläubigen Friede, Freude, Freiheit zuteil, Trost, Hoffnung, Zuversicht, und dies alles in einer Weise, wie sie uns die Welt nicht geben kann. Darum ist der Christ inmitten der Trübsal dieser Welt zur Danksagung befreit. Der Gottesdienst der Christen ist Eucharistia, Danksagung.

Die Voraussetzung für diese Zuversicht ist aber, daß der Christ der zerstörerischen Übermacht dessen, was ihm widerfährt, entzogen ist. Es bleibt ja die Erfahrung, daß dem Christen nichts erspart wird. Es geht ihm wie allen Menschen, die Hitze oder Kälte, Wasserflut oder Dürre, Krankheit und schließlich den Tod erleiden. Dennoch ist hier etwas entscheidend anders. Denn was auch der Christ erleiden muß, die sinnverleihenden Gaben Gottes können ihm dadurch nicht genommen werden, weil die Gabe Gottes schlechthin die Liebe Gottes selbst ist, weil er sich selbst in seinen Gaben gibt.

Wenn wir Rebzweige sind am Weinstock Christi, dann kann die Welt uns nicht von ihm trennen; nur wir selbst können es in der Sünde. Nichts von dem, was uns passiert, kann uns also den in Christus gewonnenen Sinn des Lebens zerstören. Das ist die Freiheit der Kinder Gottes, von der die Heilige Schrift spricht. Damit ist nicht die Willensfreiheit des Menschen gemeint, erst recht nicht Ungebundenheit. Es geht auch nicht um Freiheit von menschlicher Unterdrükkung, so sehr wir verpflichtet sind, für diese Freiheit zu tun, was wir können. Aber die „Freiheit und Herrlichkeit der Kinder Gottes“ (Röm 8,21) ist unabhängig von den Menschen. Sie ist unmittelbare Frucht der Erlösung. Deshalb braucht der Christ nicht zu verzweifeln. Sein und Sinn sind ihm nicht hoffnungslos auseinandergebrochen, sondern in Christus wieder geeint.

IV

Zur gegenwärtigen Form der Erlösung gehört aber auch weiteres. Der Christ hat nicht nur den Trost, daß das Sinnverleihende ihm nicht genommen werden kann; er hat die Macht, dem Schweren, das ihm widerfährt, einen Sinn zu verleihen und es insofern zu verwandeln. Denn alles, was wir in der Verähnlichung mit Christus tun oder erleiden – davon ist nur die Sünde ausgeschlossen –, das wird in der Verbindung mit Christus nicht nur durchgestanden in der Hoffnung auf ein anderes Leben, sondern es wird auch verwandelt. Das hat seinen Grund in Christus selbst. Denn die Auferstehung Christi erfolgt nicht nur nach dem Kreuzestod, sie erfolgt auch wegen des Todesgehorsams Christi am Kreuz, wie es im Philipperbrief im 2. Kapitel eindringlich beschrieben wird. Der Todesgehorsam Jesu Christi ist Grund seiner Verherrlichung. Wie also im Gehorsam die äußerste Erniedrigung Christi doch zum Guten gewendet wurde, sich nicht als sinnzerstörend erwies trotz des Todes, so hat auch der Christ im Anschluß an Christus die Macht, dem, was ihm widerfährt, einen Sinn zu geben und es so zu

verwandeln. Das ist die Macht Christi für uns; das ist unsere Macht in Christus. Es ist nicht Macht über andere, aber Macht über das Geschehen und Erleiden in dieser Welt. In diesem Sinne heißt es im Römerbrief: „Wir wissen, daß Gott für jene, die ihn lieben, alles zum Guten führt. Was ergibt sich nun, wenn wir das alles bedenken? Ist Gott für uns, wer ist dann gegen uns? Er hat seinen eigenen Sohn nicht verschont, sondern ihn für uns alle hingegeben; wie sollte er uns mit ihm nicht alles schenken?... Was kann uns scheiden von der Liebe Christi? Bedrängnis oder Not oder Verfolgung, Hunger oder Kälte, Gefahr oder Schwert?... All das überwinden wir durch den, der uns geliebt hat. Denn ich bin gewiß: Weder Tod noch Leben, weder Engel noch Mächte, weder Gegenwärtiges noch Zukünftiges, weder Gewalten der Höhe oder Tiefe noch irgendeine andere Kreatur können uns scheiden von der Liebe Gottes in Christus Jesus, unserem Herrn" (Röm 8,28.31–32.35.37–39). Darum also hat der Christ eine eigene christliche Zuversicht und Hoffnung. Diese soll er auch vor den Menschen bezeugen, entsprechend der Aufforderung im 1. Petrusbrief: „Seid stets bereit, jedem Rede und Antwort zu stehen, der nach der Hoffnung fragt, die euch erfüllt; aber antwortet bescheiden und ehrfürchtig" (1 Petr 3,15 f).
Diese Hoffnung enthält aber gleichzeitig einen hohen Anspruch an den Gläubigen; es gilt, diesen Glauben zu bewahren. Vor dem eben zitierten Satz des 1. Petrusbriefes heißt es: „Haltet nur Christus, den Herrn, heilig in euren Herzen" (1 Petr 3,15). Und im 4. Kapitel des 2. Korintherbriefes lesen wir: „Diesen Schatz tragen wir in irdenen Gefäßen, damit das Übermaß der Kraft von Gott und nicht von uns kommt" (2 Kor 4,7). Solche Mahnungen der Schrift geben uns zu denken. Sie bedeuten sicherlich, daß der Christ die

Gaben Gottes in sich schützen muß, daß er seine Gläubigkeit bewahren und vertiefen soll. Denn all die Verheißungen der Heiligen Schrift, so großartig sie sind, kann man doch aus den Augen verlieren. Selbst die Sonne kann man mit der Hand verdecken, wenn man sie nur nahe genug vor die Augen hält. Und die sich dem Menschen aufdrängende, und damit in anderer Weise erfahrbare Wirklichkeit der Welt kann sich ihm vor die Augen schieben, so daß er den Reichtum Christi aus den Augen verliert. In dieser Zeit gilt das Wort: „Selig, die nicht sehen und doch glauben" (Joh 20,29). Das Himmelreich ist mit all seinem Reichtum wie ein Schatz, der in einem Acker verborgen war. Den fand einer, aber nicht der Eigentümer des Ackers. Der ihn aber fand, der kaufte den Acker (vgl. Mt 13,44). Der Schatz ist da, aber er liegt nicht auf der Oberfläche; wir sollen ihn finden, nicht aus Zufall, sondern im Suchen, mit jener Geduld, in der wir auf die Verheißung Christi vertrauen, auch wenn wir die verheißene Gabe nicht gleich entdecken. Hier ist „Standhaftigkeit und Glaubenstreue" erforderlich, von der die Heilige Schrift spricht (Offb 13,10).

Damit die Gläubigen aber die verborgene Gabe Gottes erkennen, damit wir in der Hoffnung ausharren – „Hoffnung aber, die man schon erfüllt sieht, ist keine Hoffnung" (Röm 8,24) –, hat Christus den Heiligen Geist gesandt. Er soll uns „in alle Wahrheit einführen" (Joh 16,13). Wahrheit bedeutet hier Wirklichkeit. In dem uns gesendeten Heiligen Geist können wir die Heilswirklichkeit wahrnehmen und im Glauben anerkennen. Darum heißt der gesendete Geist auch der Tröster. Wir brauchen diesen Trost.

Der Christ muß aber auch das Seine tun, ein geistlicher Mensch sein, der im Heiligen Geist bereit ist, den Gaben Gottes nichts vorzuziehen. Paulus schreibt an die Gemeinde in Korinth: „Wißt ihr nicht, daß ihr Gottes Tempel seid und daß der Geist Gottes in euch wohnt? Wenn einer den Tempel Gottes verdirbt, wird Gott ihn verderben; denn der Tempel Gottes ist heilig, und der seid ihr" (1 Kor 3,16 f). Erst im Heiligen Geist vermag der Mensch das Wirken des heiligen Gottes zu erkennen. Er vermag die Wirklichkeit des Wortes zu entdecken: Es fällt kein Haar von unserem Haupte ohne den Willen des Vaters, der im Himmel ist. „In ihm leben wir, bewegen wir uns und sind wir" (Apg 17,28).

Ob uns Gott nicht viel näher ist, als wir denken? Die Vollendung, auf welche die ganze Schöpfung angelegt ist, kann ihr keinen Fortschritt geben; denn der verherrlichte Christus ist es, als der zweite, stärkere Adam selbst, der das Menschliche übererfüllend vollendet. So sind wir in der Hoffnung, die Christus uns gibt, unerschütterlich getröstet. Gott enttäuscht nicht. Seien wir dankbar und Zeugen unseres Trostes und unserer Hoffnung. Äußerst eindringlich, geradezu überwältigend, bringt Paulus die christliche Hoffnung zum Ausdruck: „Die ganze Schöpfung wartet sehnsüchtig auf das Offenbarwerden der Söhne Gottes. Die Schöpfung ist der Vergänglichkeit unterworfen, nicht aus eigenem Willen, sondern durch den, der sie unterworfen hat, aber zugleich gab er ihr Hoffnung: Auch die Schöpfung soll von der Sklaverei und Verlorenheit befreit werden zur Freiheit und Herrlichkeit der Kinder Gottes. Denn wir wissen, daß die gesamte Schöpfung bis zum heutigen Tag seufzt und in Geburtswehen liegt. Aber auch wir, obwohl wir als Erstlingsgabe den Geist haben, seufzen in unserem Herzen und warten darauf, daß wir mit der Erlösung unseres Leibes als Söhne offenbar werden" (Röm 8,19–23). Amen.

Martinus, der Mainzer Kirche Schutzpatron

„Darauf warte und hoffe ich, daß ich in keiner Hinsicht beschämt werde, daß vielmehr Christus in aller Öffentlichkeit – wie immer, so auch jetzt – durch meinen Leib verherrlicht wird, ob ich lebe oder sterbe. Denn für mich ist Christus das Leben, und Sterben Gewinn. Wenn ich aber weiterleben soll, bedeutet das für mich fruchtbare Arbeit. Was soll ich wählen? Ich weiß es nicht" (Phil 1,20–22).

„In jener Zeit sprach Jesus: Niemand zündet ein Licht an und stellt es in einen versteckten Winkel oder stülpt ein Gefäß darüber, sondern man stellt es auf einen Leuchter, damit alle, die eintreten, es leuchten sehen. Dein Auge gibt dem Körper Licht. Wenn dein Auge gesund ist, dann wird auch dein ganzer Körper hell sein. Wenn es aber krank ist, dann wird dein Körper finster sein. Achte also darauf, daß in dir nicht Finsternis statt Licht ist. Wenn dein ganzer Körper von Licht erfüllt und nichts Finsteres in ihm ist, dann wird er so hell sein, wie wenn die Lampe dich mit ihrem Schein beleuchtet" (Lk 11,33–36).

I

Heute in vierzehn Tagen, noch in diesem Monat, ist schon der erste Adventssonntag. Wir können sagen, dieses Kirchenjahr geht dem Ende zu. Was heißt das? Es läuft aus. Was heißt das, es läuft aus? Heißt das, es ist leer, es ist nichts mehr da? Kein Gedanke, daß das so sei. Dieser Monat ist voll des geistlichen Gehalts. Haben wir nicht begonnen mit dem Fest Allerheiligen, „*Gaudeamus omnes*" – „Freuen wir uns alle am Fest Allerheiligen", und ist nicht Allerseelen eine wahre Wohltat für den Menschen? Daß er der Toten gedenkt, das ist komplementierend für den Menschen; das menschliche Leben ist allezeit auch davon geprägt, daß der Mensch einmal sterben muß. Aber die Toten sterben nicht mehr, das sind die Lebenden, und wir sind die Sterbenden. Aber nicht nur das, im heiligen Karl Borromäus feiern wir den Namenstag unseres Bischofs; wir feiern Elisabeth, feiern Martinus, feiern Katharina, haben gefeiert Papst Leo den Großen, der Attila entgegengetreten ist; wir haben gefeiert Albert den Großen, den Deutschen; er war fünfundzwanzig Jahre älter als sein Schüler Thomas von Aquin und hat ihn aber überlebt.

Auch Martinus ist unter diesen; wir feiern ihn als den Patron des Domes und des Bistums. Er ist geboren in Ungarn. Ungarn war eine römische Provinz, sein Vater war Offizier im römischen Heer. Als er in den Ruhestand trat, haben die Eltern sich in Oberitalien niedergelassen. Der zehnjährige Sohn hat um Aufnahme in das Katechumenat gebeten, der Vorbereitung auf die Taufe; es war ja alles noch heidnisch, seine Eltern auch. Er ist dann in den Militärdienst eingetreten, wollte sich für zwanzig Jahre verpflichten, hat als Christ gelebt, war einigen Enttäuschungen ausgesetzt, ist dann aus dem Wehrdienst ausgeschieden, und als ein Offizier sagte, er scheide aus, weil er feige sei, hat er gesagt: „Ich bin bereit, mich ohne Waffen in den Kampf zu stellen."

Nach Sulpicius Severus hat Martin seinen Mantel für einen Armen geteilt. In der darauf folgenden Nacht sieht er im Traum Jesus, der ihm sagt: „Martin, der noch Katechumene ist, hat mich mit diesem Gewand bekleidet." Martin hatte auch enge Kontakte zu Hilarius von Poitiers. Martin steht am Beginn des Mönchtums in Gallien. Er wurde schließlich zum Bischof von Tours gewählt. Martin wollte im hohen Alter sein Amt niederlegen und sich zurückziehen; da man ihn bat, noch im Amt zu bleiben, hat er gesagt: *„Non recuso laborem"* – „dann will ich mich der Arbeit nicht verweigern". Im Konzil hat Kardinal Frings einmal dieses Wort gebraucht, da man ihm einen besonderen Auftrag gab.

Zur Zeit Martins mußte sich die Kirche mit dem Arianismus auseinandersetzen. Arius, Priester in Alexandrien in Ägypten, hatte die Gottheit Christi bestritten. Darum ist im Jahre 325 in Nicäa das erste Konzil gehalten worden. Es lehrt: Jesus Christus ist der Sohn Gottes, gezeugt, nicht erschaffen, gleichen Wesens mit dem Vater. Das Gezeugte ist immer gleichen Wesens; der Mensch zeugt einen Menschen. Das Geschaffene ist nie gleichen Wesens wie der Schöpfer; darum wird in dem „gezeugt" durch den Vater die Göttlichkeit des Sohnes eindeutig ausgesagt. Aber bis sich das durchgesetzt hatte, dauerte es Jahrzehnte, weil die Regierung in Konstantinopel sich es teils für den rechten Glauben, teils für den arianischen Glauben einsetzte. Es hat bis gegen Ende des Jahrhunderts, bis zum Tod von Martinus gedauert, bis sich dieser wahre, christkatholische Glaube, der allen wahren Christen gemeinsam ist, der Glaube an die Gottheit Christi, durchgesetzt hatte. Es waren sehr schwere Zeiten für die Kirche. – Bei seinem Aufenthalt im elterlichen Hause hat Martinus seine Mutter für den christlichen Glauben gewonnen, den Vater nicht. Die Umwelt war damals noch weitgehend heidnisch.

Warum feiern wir Martinus? Wir feiern die Heiligen, weil sie mit Christus die Kirche tragen als glaubhafte Zeugen. Die ersten Christen haben sich auf die Zeugen im Alten Testament berufen. Im Hebräerbrief, am Anfang des 12. Kapitels, heißt es: „Da uns eine solche Wolke von Zeugen umgibt." Das ganze 11. Kapitel des Hebräerbriefes zählt über zwanzig Personen auf als Zeugen des Glaubens, von Abraham angefangen. Davon lebt die Kirche. Den Glauben gibt es ja nicht selbständig. Den Glauben gibt es nur in den Menschen, die glauben. Und Christus schweigt. Die Menschen sollen den Glauben weitergeben; sie können das, und alle haben den Auftrag dazu. Was sagt uns die Lesung dazu, was das Evangelium?

II

Die Lesung ist aus dem Brief des Apostels Paulus an die Philipper genommen. Philippi ist die erste Gemeinde, die Paulus auf europäischem Boden gegründet hat. Zeit seines Lebens war er den Gläubigen in Philippi besonders zugetan, und diese Gemeinde ihm. Darum ist der Brief auch sehr persönlich; gleich zu Anfang sagt er den Philippern, daß er sie „ins Herz geschlossen hat, daß er sich in herzlicher Liebe nach allen sehnt" (Phil 1,7f). Was schreibt er ihnen für ihr christliches Leben?
Die ganze Lesung atmet die Weite und Freiheit, die Befreitheit, welche das Leben und Denken des gläubigen Menschen kennzeichnet. „Du hast mich in die Weite geführt", heißt es einmal in einem Psalm. Woher kommt dies? Es kommt daher, daß für den Apostel das Sinnverleihende für das ganze Leben nicht vom Ereignishaften, nicht vom Zufall abhängt. Dies gibt es ja im Leben; man kann hören oder sagen: Ich habe Glück gehabt, daß kein Autounfall passiert ist. Aber worauf es dem Apostel ankommt, das passiert nicht, dies wird mit der Gnade Gottes getan. Worauf

kommt es ihm an? Es kommt ihm darauf an, daß Christus in aller Öffentlichkeit durch ihn verherrlicht wird, und er kann sogar in großer Befreitheit von dem Ereignishaften hinzufügen, gleich, „ob ich lebe oder sterbe". Der Tod ist ereignishaft. Das macht aber keinen entscheidenden Unterschied, so oder so will er Christus verherrlichen.

Die Ehre Gottes ist dem Apostel ein großes Anliegen. Im 2. Korintherbrief schreibt er einmal, nachdem er eindrucksvoll die Mühsal seines apostolischen Dienstes und Lebens beschrieben hat: „Alles tun wir euretwegen, damit immer mehr Menschen aufgrund der überreich gewordenen Gnade den Dank vervielfachen, Gott zur Ehre" (2 Kor 4,15). Man könnte erwarten, er verzehre sich in seinem missionarischen Eifer, um immer mehr Menschen für Christus zu gewinnen. Das ist auch so. Aber er will immer mehr Menschen für Christus gewinnen, damit immer mehr Menschen „den Dank vervielfachen, Gott zur Ehre". Die Ehre Gottes hat in der ganzen christlichen Verkündigung einen bestimmenden Rang. Die Engel beginnen ihre Botschaft an die Hirten von Betlehem mit der Ehre Gottes. Christus ehrt sich nicht selbst; Christus ehrt den Vater, und dieser den Sohn. Der Schluß des Christushymnus im Philipperbrief heißt: Der Vater hat Christus erhöht, „damit alle im Himmel, auf der Erde und unter der Erde ihre Knie beugen vor dem Namen Jesu und jeder Mund bekennt: Jesus Christus ist der Herr, zur Ehre Gottes des Vaters" (Phil 2,10f). Und die Apokalypse verzeichnet Lobgesänge der Engel und Heiligen vor dem Thron Gottes. Wir sollen das auch so halten; das Gloria ist ein wichtiger Bestandteil der Messe: „Wir loben dich, wir preisen dich, wir sagen dir Dank ob deiner großen Herrlichkeit." Wenn der Lobpreis Gottes ein Bestandteil auch unseres Betens ist, ordnet das unsere Frömmigkeit; wir selbst kommen dabei nicht zu kurz. Frömmigkeit bedeutet geradezu, von sich selbst einmal absehen zu können zur Ehre Gottes. Für Paulus soll es jedenfalls keinen Unterschied bedeuten, „ob ich lebe oder sterbe".

Der Apostel richtet sich so sehr auf das jenseitige Leben, daß er schreiben kann: Christus ist für mich das Leben, Sterben Gewinn. So sehr ist Christus Leben, daß Sterben Gewinn ist, weil der Selige nicht im Glauben lebt, sondern im Schauen. Darum schreibt er auch: „Ich sehne mich danach, aufzubrechen und bei Christus zu sein – um wieviel besser wäre das!" Aber euretwegen, schreibt er, ist es wohl „notwendiger, daß ich noch bleibe"; er wählt nicht, er nimmt es hin, wie es ihm aufgegeben ist. Im 2. Korintherbrief schreibt Paulus einmal: „Dreimal habe ich den Herrn angefleht, daß dieser Bote Satans (wohl eine Erkrankung) von mir ablasse. Er aber antwortete: Meine Gnade genügt dir" (2 Kor 12,8f).

Paulus ist bereit, um der Seelsorge willen noch zu bleiben. Gewiß ist dieser Abschnitt aus dem Philipperbrief als Lesung am Fest des heiligen Martinus ausgewählt, weil auch dieser bereit war, um der Seelsorge willen noch im Amt zu bleiben. Martinus wollte als Einsiedler leben. Bei dem Tod des Bischofs wurde er mit großer Mehrheit zum Bischof gewählt und gedrängt, dieses Amt anzunehmen. Dies tat er schließlich auch; er blieb aber bei seiner sehr einfachen Lebensweise. Das Teilen seines Mantels war keine einmalige Episode; er war durch sein ganzes Leben der Vater der Armen.

III

Was sagt uns das Evangelium zu Martinus. Das beherrschende Wort ist „Licht". „Niemand zündet ein Licht an und... stülpt ein Gefäß darüber"; „dein Auge gibt dem Körper Licht"; „achte also darauf, daß in dir statt Licht nicht Finsternis ist". Diese Häufung des Wortes Licht überrascht nicht, es kommt in der gesamten Offenbarung des Alten und des Neuen Testamentes häufig vor; wird doch der Grundgegensatz von Fleisch und Geist, alter Mensch und neuer Mensch auch beschrieben als der Gegensatz oder Widerspruch von Finsternis und Licht. Der Übergang von Finsternis zu Licht ist der Übergang von der Unerlöstheit zur Erlöstheit. Gott ist nicht im Licht, das sozusagen von außen an Gott herankäme; Gott ist selbst Licht, das Licht schlechthin, das nicht seinesgleichen hat. „Gott von Gott, Licht vom Licht, wahrer Gott vom wahren Gott", so beten wir im Credo der Messe. Und vom Endstand, vom himmlischen Jerusalem, heißt es in der Geheimen Offenbarung: „Die Stadt braucht weder Sonne noch Mond, die ihr leuchten. Denn die Herrlichkeit Gottes erleuchtet sie, und ihre Leuchte ist das Lamm" (Offb 21,23).

Das erste Schöpfungswerk ist das Licht: „Finsternis lag über der Urflut... Gott sprach: Es werde Licht. Und es wurde Licht. Gott sah, daß das Licht gut war. Gott schied das Licht von der Finsternis" (Gen 1,2–4). – Kein Wunder, daß der zur Erlösung aus der Finsternis der Sünde menschwerdende Gottessohn als Licht der Welt bezeichnet wird und es ist. Im Tempel erkennt und begrüßt Simeon das kleine Kind: „Ein Licht, das die Heiden erleuchtet und Herrlichkeit für dein Volk Israel." Ein Stern hatte den Weisen den Weg zum Kind gewiesen. Im Prolog zum Johannes-Evangelium wird beschrieben, was kam: „Das Licht leuchtet in der Finsternis, und die Finsternis hat es nicht erfaßt... Das Licht, das jeden Menschen erleuchtet, kam in die Welt, und die Welt ist durch ihn geworden, aber die Welt erkannte ihn nicht“ (Joh 1,5.9f).

Von sich selbst sagt Christus: „Ich bin das Licht der Welt“, und er fügt auch gleich hinzu: „Wer mir nachfolgt, wird nicht in der Finsternis umhergehen, sondern wird das Licht des Lebens haben“ (Joh 8,12). Denn Erlösung ist Befreiung aus der Finsternis in das Licht. „Denn einst wart ihr Finsternis, jetzt aber seid ihr durch den Herrn Licht geworden“ (Eph 5,8).

Dies alles bringen wir auf vielfältige Weise zum Ausdruck in der Liturgie und auch sonst. Zur Liturgie gehört die Äußerung des Inneren, die Bezeichnung des Gnadenhaften. Außer im Wort ist das nicht direkt möglich, wohl aber in Zeichen und Symbolen. Die Kerze, die leuchtet, auch wenn sie sich dabei selbst verzehrt, ist ein in unserem Gottesdienst fast allgegenwärtiges Symbol für Christus. Die an dem gesegneten Feuer entzündete Osterkerze ist Symbol für den auferstandenen Christus. *„Lumen Christi“* – „Christus, das Licht“, wird dreimal gesungen bei dem Einzug in die dunkle Kirche. In dem *„Exsultet“*, dem großen Lobgesang auf die Osterkerze, heißt es gleich am Anfang: „Lobsinge, du Erde, überstrahlt vom Glanz aus der Höhe! Licht des großen Königs umleuchtet dich. Siehe, geschwunden ist allerorten das Dunkel.“ Osterkerze, Taufkerze, Erstkommunionkerze, Brautkerze, Totenkerze; Kerzen auf dem Altar, am Christbaum oder auf unseren Gräbern an Allerseelen, immer bedeuten die Kerzen Christus als Licht oder das Christliche als Licht. „Herr, gib ihnen die ewige Ruhe, und das ewige Licht leuchte ihnen. Laß sie ruhen in Frieden.“ Das Evangelium vom Martinusfest schließt so: „Wenn dein ganzer Körper vom Licht erfüllt und nichts Finsteres in ihm ist, dann wird er so hell sein, wie wenn die Lampe dich mit ihrem Schein beleuchtet."

Martinus war ein solches Licht, das in seiner Zeit hell leuchtete. Die Christenzeit war zwar von der arianischen Häresie geschüttelt; andererseits hatte die Christenverfolgung aufgehört, die Priester und Bischöfe gewannen rasch an Ansehen; manche Bischöfe drängten zum Königshof. Martinus aber blieb sich immer bewußt, daß er als Einsiedler hatte leben wollen; er strebte nicht nach Macht und Würden, nur nach langer Zeit ließ er sich bewegen, einmal an des Königs Tafel zu essen; sein Bischofsthron blieb ein Schemel; er konnte aber sehr energisch und bestimmt werden, wenn es um die Glaubenswahrheit und um die kirchliche Ordnung ging. Immer blieb er der eifrige Seelsorger aller seiner Gläubigen; unermüdlich zog er predigend durch das ganze Land. Er starb im Jahre 397 hochgeschätzt und verehrt, sein Grab in Tours wurde zu einer Wallfahrtsstätte. So war er in turbulenter Zeit ein treuer Zeuge für Christus.

Wir alle sind strikt geheißen, als Zeugen für Christus zu leben. „Lebt als Kinder des Lichtes." Wie macht man das in einer, wenigstens bei uns, sich mehr und mehr entchristlichenden Welt mit ihrer starken Tendenz zur Entsakralisierung von allem? Eine Form des Zeugnisses ist es, daß wir den Sonntag heilig halten, daß wir, obwohl wir die gleiche Arbeit haben wie die anderen, doch die Woche bewußt mit dem Sonntag beginnen, Gott loben und den Gottesdienst besuchen. Wenn wir bedenken, wie viel wir tun, was nur Mittel ist für etwas anderes, dann ist es eine wahre Wohltat, wenn wir etwas tun können, das nicht Mittel für etwas anderes ist, sondern das Gemeinte selbst. Das gilt von jeglichem Beten, vor allem von der heiligen Messe als Eucharistie, als sakramentaler Danksagung. Wenn es am Schluß der Messe heißt: Gehet hin in Frieden, dann ist auch etwas geschehen. Man kann in Frieden gehen; denn es ist geradezu ein Element dieses Friedens, daß das Geschehene seinen Sinn in sich selbst hatte.

Unser Gottesdienst hat einen übermenschlich großen und hohen Sinn. „Wo zwei oder drei in meinem Namen versammelt sind, da bin ich mitten unter ihnen" (Mt 18,20). Von allem sakramentalen Geschehen gilt dies erst recht. „Christus ist es, der tauft", sagt Augustinus. Dies gilt aber von allen Sakramenten, besonders deutlich von der heiligen Eucharistie in jeglicher Form. „Durch ihn und mit ihm und in ihm ist dir, Gott, allmächtiger Vater, in der Einheit des Heiligen Geistes alle Herrlichkeit und Ehre, jetzt und in Ewigkeit. Amen." Christus betet mit uns; mit und in Christus verherrlichen wir den Vater im Himmel. Christus ist ja der zweite Adam, er hat sich auf unsere Seite gestellt; er betet mit jedem, der hier ist.

Der Gottesdienst hat noch eine andere Dimension: Die Kirche wird präsent, und dies nicht etwa nur in dem Priester, sondern auch in der zum Gottesdienst versammelten Gemeinde der Gläubigen. Zum Gottesdienst kommen wir nicht als Privatperson. Der Gottesdienst ist nicht die nur gleichzeitige Erfüllung einer privaten Pflicht, so daß man für jeden Gläubigen eine besondere Messe halten könnte. Das kann man nicht nur praktisch nicht, es wäre auch sinnlos, weil der Gläubige nicht als Vereinzelter gedacht ist, die Gläubigen bilden vielmehr eine Gemeinschaft; der Gläubige ist Glied unter vielen und verschiedenen Gliedern am Leib Christi, er ist ein Rebzweig unter vielen Rebzweigen an Christus als Weinstock.

Der Gottesdienst hat auch dadurch eine besondere Bedeutung für den Gläubigen, weil er hier von dem Ereignishaften nicht bedroht ist. Jeder Mensch ist in hohem Maße von dem Ereignishaften bedroht, er ist dem Ereignishaften unterworfen. Er wird unvermeidlich älter, seine Gesundheit ist bedroht; die Zeitumstände, auf welche er wenig Einfluß hat, haben viel Einfluß auf ihn. Unvermeidlich ist, daß er einmal sterben muß; aber er weiß nicht wann, und er weiß nicht wie. Der Mensch kann sich bis zur Sinnlosigkeit des Lebens bedroht fühlen. Der Christ dagegen hat solche Befürchtungen nicht, und zwar deshalb nicht, weil das, was für ihn absolut sinnverleihend ist, von dem Ereignishaften nicht bedroht ist, nämlich die Frucht der Erlösung für uns. Wir hörten ja in der Lesung des heutigen Tages, wie nachdrücklich Paulus betont: „Gleich, ob Leben oder Tod"; er sehnt sogar den Tod herbei. Daher kommt der Christ im Gottesdienst in seiner ganzen Würde zur Geltung; er ist, kurz gesagt, nicht wenig, der Christ ist viel. „Nun nenne ich euch nicht mehr meine Knechte, ... vielmehr habe ich euch Freunde genannt" (Joh 15,15f). Jedem von uns gilt, was, wie berichtet wird, Martinus in der Nacht gesagt worden sei: „Martinus, den Mantel hast du mir gegeben." In den Gerichtsreden des Herrn heißt es ja: Ich war hungrig, in den Armen habt ihr mir zu essen gegeben. Ganz gewiß muß der Gottesdienst seine Früchte auch draußen im Leben bringen. „Nicht wer sagt, sondern wer tut", hören wir von Christus. Dies bedeutet jedoch nicht, der Gottesdienst sei hauptsächlich als Motivation für das soziale Tun gedacht. Sozial tätig sind viele, auch ohne Gottesdienst. Aber den Gottesdienst machen wir nicht zum Mittel für etwas anderes, er hat seinen Sinn in sich selbst, er ist anbetende Verehrung des dreifaltigen Gottes „durch Christus, unseren Herrn". Im Gottesdienst gewinnen wir freilich die Kraft, für andere etwas zu tun. Denn wir wissen, indem wir für andere etwas tun, verausgaben wir uns nicht, sondern wir bewähren uns als die, die wir sind.

IV

Martinus war ein frommer Christ, er rechnete mit der geistlichen Wirklichkeit. Im Westen der Kirche hat er das erste Kloster gegründet; es blieb nicht leer, es wurde ein ausstrahlendes Zentrum des geistlichen, des christlichen Lebens. Sein Wirkungsgebiet war zu einem großen Teil noch Missionsland. Wie steht es mit uns? Im Jahre 1948 war Katholikentag in Mainz; damals wurde schon die Meinung geäußert, Deutschland sei wieder ein Missionsland geworden. Was soll man dann von uns heute sagen! Schon vor dem Konzil nahm die Zahl der Gottesdienstbesucher ab, aber wie sehr hat diese Tendenz noch zugenommen. Von der außerordentlichen Bischofssynode 1985 in Rom, auf welcher die Vorsitzenden der Bischofskonferenzen berichteten, bin ich mit dem bedrückenden Gefühl zurückgekehrt, Westeuropa sei der schwächste Teil der Kirche. Gewiß geht die Kirche Christi nicht unter, Jahr um Jahr wird sie um mehrere Millionen Mitglieder größer; aber bei uns könnte sie untergehen, wenn der Glaube nicht weitergegeben wird, schon in den Familien. In der Geheimen Offenbarung heißt es in dem Brief an die Gemeinde in Ephesus: „Bedenke, von welcher Höhe du gefallen bist. Kehr zurück zu deinen ersten Werken! Wenn du nicht umkehrst, werde ich kommen, und deinen Leuchter von seiner Stelle wegrücken“ (Offb 2,5). Ob wir das auch auf uns beziehen sollen?

Wir sind in der Gefahr einer Verweltlichung. Unsere Kirchen sollen jedoch zum Gottesdienst nicht immer leerer werden. Die Christmette ist gut besucht, die Gottesdienste am Karfreitag und an Ostern auch. Jedoch sollen wir jeden Sonntag heiligen. Sie können denken, das solle ich denen sagen, die nicht kommen, wir sind ja da. Dafür danke ich Ihnen ja auch. Jedoch geht es darum, daß Sie diesen Willen nicht bei sich selbst in Frage stellen oder durch andere in Frage stellen lassen. Mehr denn je brauchen wir den entschlossenen Christen; er gibt ein Zeugnis, er braucht aber auch das Zeugnis anderer Christen. Eine hoffnungsvolle Zukunft des christlichen Glaubens bei uns kann keinesfalls von einer Abschwächung des Christlichen erwartet werden, wohl aber von seiner Intensivierung. Dazu kann und soll jeder beitragen. „Wer sich vor den Menschen zu mir bekennt, zu dem werde ich mich auch vor meinem Vater im Himmel bekennen“ (Mt 10,32). Die Aufgabe, welche Papst Johannes XXIII. dem Konzil gestellt hatte, war ja nicht etwa die Anpassung der Kirche an die Welt, sondern die Vergegenwärtigung der Kirche in der Welt. „Gleicht euch nicht dieser Welt an, sondern wandelt euch und erneuert euer Denken“ (Röm 12,2). Das Christliche kann in der Welt, in der weltlichen Welt, nur präsent werden in seiner Verschiedenheit, zugleich aber als die Antwort auf die ausgesprochenen oder auch auf die unausgesprochenen Fragen, welche das Menschsein in sich birgt. Darin sind die Heiligen ein Vorbild. Martinus von Tours wurde schon in seiner Zeit erkannt, und bei all seiner persönlichen Bescheidenheit hoch geehrt.

Bei allem Abnehmen der Religiosität in unserem Bereich gibt es auch erfreuliche Zeichen radikaler Entschlossenheit. Die meisten Benediktiner- oder Benediktinerinnenklöster bei uns haben mehrere Novizen. Man sage nicht, diese Orden hätten es ja auch bequem oder einfach. Es gehört schon ein Entschluß dazu, hinter Klostermauern zu verschwinden, ohne die Aussicht, im ganzen Ordensleben dieses Kloster je wieder zu verlassen. Das strengste Kloster, von welchem ich im Westen weiß, ist ein Frauenkloster; es liegt zwischen Genfer See und Mont Blanc, 7 km von dem nächsten Dorf entfernt, in völliger Einsamkeit. Diese Schwestern haben in einundzwanzig Jahren vierzehn neue Klöster gegründet. Dabei leben sie nach der strengsten Regel, nach der Trappistenregel. Als ich in dem Kloster eine Messe hielt, sah ich gar keine Kniebänke; bei der Wandlung lagen alle Nonnen längs ausgestreckt auf dem blanken Betonboden. Eigentlich braucht man sich nicht zu wundern. Denn im Grunde braucht der menschliche Geist oder sein Herz etwas Absolutes, etwas, das ihn ganz ausfüllt. Unsere Zeit bietet insofern eine Chance für den christlichen Glauben, daß in unserer Zeit dies insofern wenigstens erkannt wird, daß ohne einen solchen Lebenssinn das Leben trostlos wird. Viele Götterbilder unserer Zeit sind gestürzt; wo kein Gottesglaube ist, breitet sich leicht Hoffnungslosigkeit aus. Ich habe gedruckt gelesen, der Sinn der Kunst sei es, darzustellen, daß das Leben keinen Sinn hat. So stellt sich die Kunst unserer Tage ja auch vielfach dar.

Die Heiligen sind nicht verzweifelte Menschen. Die Heiligen erkennen das Ungenügen der Welt für den Menschen; die Schrift nennt dies die Eitelkeit der Welt. Aber die Heiligen wissen auch, was dem Leben einen übererfüllenden Sinn gibt, und sie leben danach. Sie wissen, daß Sterben sogar Gewinn ist; ihnen ist die Finsternis überwunden durch Christus, das Licht, das nie verlöscht, das jede Finsternis erhellen kann und in alle Ewigkeit leuchtet.

Das Kirchenjahr läuft sich nicht leer. Mit dem heiligen Martinus reichert, mit Allerheiligen beginnend, eine ganze Schar großer Heiliger den letzten Monat des Kirchenjahres an. Am nächsten Sonntag ist dann das Christkönigsfest mit dem Blick auf die Wiederkunft des verherrlichten Herrn. Dann kommt er in großer Macht und Herrlichkeit, zu richten, aber auch die Welt, die ganze Schöpfung, in seiner Macht unvorstellbar zu vollenden. Daraus schöpfen wir die Kraft zu hoffnungsvollem Glauben. Denn Gott gibt uns „mehr als wir erbitten, ja als wir ausdenken können" (Eph 3,20). „Aus seiner Fülle haben wir alle empfangen, Gnade über Gnade" (Joh 1,16). Dessen sind uns die Heiligen Zeugen. Amen.